LES EGLISES

DE

SAINT-ANGEL ET DE MEYMAC

HISTOIRE ET DESCRIPTION

PAR

L'abbé J.-B. POULBRIÈRE

Chanoine honoraire de Tulle
Historiographe du Diocèse
Professeur de rhétorique au Petit Séminaire de Servières
Inspecteur départemental de la Société française d'Archéologie
Vice-Président de la Société des Lettres, Sciences et Arts
de la Corrèze, etc.

TULLE
IMPRIMERIE CRAUFFON ADMINISTRATIVE ET COMMERCIALE
19, rue du Pouret et place Saint-Bernard, 1

1880

SAINT-ANGEL ET MEYMAC

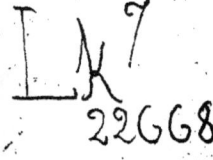

EXTRAIT

DU

BULLETIN DE LA SOCIÉTÉ DES LETTRES, SCIENCES ET ARTS

DE LA CORREZE

(4ᵉ Livraison 1880)

LES EGLISES

DE

SAINT-ANGEL ET DE MEYMAC

HISTOIRE ET DESCRIPTION

PAR

L'abbé J.-B. POULBRIÈRE

Chanoine honoraire de Tulle
Historiographe du Diocèse
Professeur de rhétorique au Petit-Séminaire de Servières
Inspecteur départemental de la Société française d'Archéologie
Vice-Président de la Société des Lettres, Sciences et Arts
de la Corrèze, etc.

TULLE
IMPRIMERIE CRAUFFON ADMINISTRATIVE ET COMMERCIALE
10, rue du Fouret et place Saint-Bernard, 1

1880

SAINT-ANGEL ET MEYMAC

Il est dans la partie montagneuse du diocèse de Tulle deux églises monumentales qui vont être sous peu l'objet de travaux importants. Nous avons cru l'occasion bonne de leur consacrer une modeste étude et d'appeler sur elles l'attention du pays. On nous pardonnera d'user aussi de la circonstance pour dire quelques mots des deux localités dont elles sont l'orgueil.

Les églises dont il s'agit sont celles de Saint-Angel et de Meymac. Vieilles églises monastiques, cela va sans dire. Cherchez partout sur notre sol ; tournez à l'orient, au couchant, au nord et au midi ; courez de Beaulieu à Meymac, d'Obasine à Uzerche, de Brive à Tulle, d'Arnac à Saint-Angel : à part quelques restes féodaux dont les murs mélancoliques inspirent encore plus la pitié que l'étude, vous ne verrez de grands, de beaux, de vrais monuments que là où ont passé les moines. Ils ont fondé nos villes et défriché nos champs ; ils ont nourri nos pauvres et prié pour nos morts, et quand nos pères ingrats les ont chassés de leurs demeures, ils sont partis laissant à ce pays qui les reniait le plus beau patrimoine artistique dont ce pays pût être fier. Dites-moi, gens de Tulle, que pensez-vous de votre coûteuse préfecture quand vous mesurez la taille de votre grand clocher ?...

Les églises de Saint-Angel et de Meymac étaient donc deux églises monastiques, deux *moustiers* : l'un prioral et l'autre abbatial. En vertu de la vieille maxime : « A tout seigneur tout honneur, » nous devrions bien commencer par celui-ci ; toutefois ce sera par celui-là. Homme d'Eglise et dissertant d'églises, nous croyons bon d'appliquer les règles de l'Eglise : Au plus digne de marcher le dernier.

§ 1ᵉʳ. — Saint-Angel.

I

La plupart de nos lecteurs connaissent Saint-Angel. En quittant un instant le plateau monotone qui se déroule sur la route de Tulle, quand on a dit adieu aux horizons d'Ussel, ils auront, à coup sûr, remarqué comme nous l'ombre d'un frais vallon, les toits d'une bourgade rangée en quart de cercle aux pieds de son église, et les murs imposants de cette vieille église, dominant de son tertre de mousse et de granit le cours tranquille de la Triousonne et le miroir limpide de deux petits étangs. C'est là, sur ce mamelon vert, au sein de cette calme et pieuse nature, que se posa, il y a dix siècles et plus, le prieuré de Saint-Angel.

On était alors au temps de Charlemagne. Beau temps ! Le grand empereur semait partout les fondations chrétiennes et ses paladins, ses comtes l'imitaient. Saint-Angel (*monasterium sancti Angeli Michaelis*, ou plus souvent *beati Michaelis de Angelis*) nous apparaît pour la première fois de la façon suivante :

Charlemagne était à parcourir les pays d'outre-Loire. On sait assez pourquoi. Maître absolu de ses vastes Etats, mais plus jaloux encore de s'en montrer le père, ce conquérant législateur n'avait point de repos qu'il n'eût répandu sur tous ses peuples le bienfait réparateur d'une organisation digne de lui. Or il lui arriva, un jour, au milieu de ses courses, de s'arrêter aux portes de Limoges, dans le palais de Jocondiac, aujourd'hui simplement *le Palais*. Ce ne fut pas pour bien longtemps. De là, dit le cartulaire de Charroux, il se rendit dans une villa de Roger, son fidèle comte, pour y goûter auprès de lui quelques instants de diversion. Le ciel voulut qu'il y fît la rencontre d'un pèlerin breton rapportant de Jérusalem un morceau de la vraie croix. Roger, comme on peut bien le croire, était épris de la sainte relique. Sur la demande du monarque, le pèlerin ayant consenti à la laisser dans l'endroit, construction fut faite pour la recevoir d'un monastère, qui devint la célèbre abbaye de Charroux. Le comte de Limoges y mit douze religieux avec un abbé, et leur donna par testament, en même temps qu'un certain nombre de terres, *le château et le couvent de Saint-Angel* (1).

Telle est la première apparition dans l'histoire du prieuré dont nous nous occupons. La donation, suivant Nadaud, qui cite trois auteurs (2), serait du 18 juin 785. Elle est signée du comte Roger et de sa femme Euphrasie ; car c'était l'usage à cette époque que les femmes souscrivissent aux œuvres de piété de leurs époux. Soit même dit en passant, la fonda-

---

(1) BONAVENTURE DE SAINT-AMABLE, tome III de l'*Histoire de saint Martial* (ou *Annales du Limousin*), p. 291. — Le *Gallia christiana*, t. II, col. 1277 ; les *Acta sanctorum*, t. II de janvier, p. 443, présentent ou constatent dans le narré des faits certaines divergences ; le testament du comte, publié par Mabillon, n'y touche même pas ; mais ces difficultés n'ont rien qui nous importe : nous n'avons pas à écrire l'histoire de Charroux et nous possédons pour la nôtre un point bien assuré ; c'est le don de Saint-Angel.

(2) L'Abbe, Mabillon, Estiennot (*Pouillé*). — Bonaventure de Saint-Amable et après lui tous les modernes écrivent 798 (Ouv. et pag. cités).

tion de Saint-Angel n'est pas la seule dont le pays fût redevable à ses nobles seigneurs. Roger avait aussi bâti dans le Bas-Limousin Saint-Pierre de Collonges, autre prieuré laissant également une église curieuse, et que dotèrent tour à tour de leurs riches aumônes les vicomtes de Turenne, les barons et chevaliers de Castelnau, de Curemonte et de Lastours.

Les deux maisons furent soumises à l'abbaye de Charroux. Saint-Angel en tenait douze moines et un prieur qui devait comparaître en personne au chapitre général tenu au chef-lieu. La seigneurie locale avait été, comme nous l'avons vu, également subordonnée à l'abbaye poitevine, dont ses maîtres relevèrent toujours (1). Le siège en était un château fort bâti aux côtés du monastère, sur le même mamelon : le monastère s'étendait à l'est, le château fort regardait à l'ouest. Si les deux voisins furent toujours d'accord, nous n'oserions l'affirmer et bon nombre de gens ne voudraient point le croire : c'est qu'en réalité l'homme était là comme partout. Néanmoins et tout en se coudoyant, moines et châtelains traversèrent dix siècles : ce n'est pas tant peu ! Emportés parfois par les mêmes orages, mais ramenés par les mêmes soleils, ils réussissaient ainsi tant bien que mal à vivre côte à côte, quand un jour un ouragan sans pair vint ensevelir tout ce passé dans un commun et suprême naufrage. Ce jour-là le château s'abattit dans les herbes, et le couvent, s'il fut respecté de la pioche, n'en vit pas moins disparaître ses derniers habitants. On les remplaça par des recluses. Mon Dieu ! oui, par des recluses ; car la Révolution, si compatissante aux « victimes du cloître, » venait d'en faire un cloître d'une nouvelle espèce : elle y *logeait* les femmes d'émigrés.

---

(1) Hommages ou aveux de 1229 (peut-être 1299), 1256, 1339, 1398, etc. (Dom Fonteneau, *apud* Brouillet, *Indicateur de l'arr. de Civray*, 1865).

Mmes de Bellinay, de Monceaux, de Tournemine et d'autres eussent pu en donner des nouvelles... En 1804 ou 1805, un collège s'y fonda, mais l'institution fut de courte existence. Le gouvernement vendit, et le propriétaire, ne sachant que faire sans doute de ce logis trop vaste pour ses forces, lui fit subir les mutilations qui le déparent aujourd'hui. Inutile de dire qu'il avait pu conserver son église, devenue dès les premiers jours église paroissiale, et tout un côté de ses bâtiments, devenu depuis asile du curé.

C'est ce qui va nous occuper dans un instant ; mais avant d'en venir à la description des lieux, encore quelques bribes d'histoire. Elles sont maigres sans doute, et réunies assez péniblement : n'importe! telles quelles, elles auront leur prix. Il en est en effet des lieux comme des hommes : on s'y intéresse d'autant plus qu'on a fait avec eux plus ample connaissance.

Donc, à commencer par les seigneurs qui eurent, avec la possession du château, le protectorat du monastère, les premiers qui nous soient parvenus sont les *comtors* de Mirabel. Ils disparurent de bonne heure, mais c'étaient des hommes de haut rang. Gouffier de Lastours, mort en 1197, et fils d'une Comborn, avait donné sa main à une Mirabel. L'un des descendants de cette femme, Pierre de Mirabel, avait été abbé de Vigeois vers le milieu du xıe siècle : la *Chronique* de ce cloître nous apprend qu'il mourut à Saint-Angel et y fut enterré, pour en avoir été précédemment prieur. Deux autres membres de cette famille se succédèrent, au siècle suivant, dans l'abbaye d'Uzerche ; un troisième devint plus tard doyen de Poitiers et chapelain du pape Honorius IV ; enfin trois autres sont mentionnés par l'annaliste limousin comme avant fait beaucoup de bien à notre prieuré.

Les Mirabel eurent pour successeurs les seigneurs de Champiers. Nous voyons dans les premières années du xve siècle, Elie Champiers, abbé de la Grasse, près Narbonne : sa mort était marquée au 4 octobre dans le nécrologe de Saint-Angel. Bernard, son parent, fut prieur de ce dernier monastère, et tous les membres de sa maison y sont ensevelis.

Les Champiers, disparus à leur tour, laissèrent leurs prérogatives aux chevaliers de Rochefort, qui prirent de bonne heure le titre de *barons de Saint-Angel*.

Ce ne fut pas sans déplaisir des moines : ils essayèrent même d'attaquer la qualification ; mais ils s'y prirent tard, trop tard, et le conseil d'Etat rejeta leur demande (1). Le premier seigneur, du reste, qui avait pris le titre, Michel de Rochefort, avait en 1507 rendu hommage à l'abbé de Charroux : c'était reconnaître, du moins sur un point, la suzeraineté originelle. Un des descendants de cet homme se fit remarquer dans les guerres de la Ligue à la défense de la ville d'Ussel (2). Malheureusement Charles de Rochefort était un fougueux calviniste, et l'historien de saint Léonard, l'abbé Arbellot, a dû laisser peser sur sa mémoire une page fâcheuse (3). Nous-même, nous avons, dans les riches archives de notre compatriote, M. Clément-Simon, trouvé la preuve manifeste de la frayeur qu'il inspirait aux catholiques et du secours que recevaient de lui les forces protestantes (4). Mais n'insistons pas

---

(1) Delmas de la Ribière, *Fragments historiques sur la ville d'Ussel.*

(2) Même source.

(3) Page 128 et suivantes.

(4) « 1er juin 1587, lettre de Henri III à M. de Montaignac, capitaine de cinquante hommes d'armes, pour lui marquer combien il est sensible à la nouvelle preuve d'attachement que ledit sieur de Montaignac lui a donnée en délivrant le fort et monastère d'Anglars, en Auvergne, et en se saisissant de la personne de M. de Saint-Angel. Il l'exhorte et le prie de ne point délivrer ledit sieur de Saint-Angel et ses complices, qu'il ne remette entre ses mains le château de *Bellechassaigne*, qu'il a résolu de faire raser. Dans la même lettre, il lui marque de tenir prête sa compagnie de gens d'armes, avec le plus grand nombre de ses amis qu'il pourra assembler pour aller au devant du roi de Navarre. »

« 14 juillet 1587, lettre de M. le grand prieur d'Auvergne à M. de

sur de tels souvenirs, car, au surplus, ils ne furent pas de très longue durée. Quarante années plus tard (1628), l'on pouvait compter parmi les prieurs de Saint-Angel un enfant de la maison de Rochefort, un homonyme même de notre huguenot, ce qui prouve que cet héritier, en qui peut-être s'éteignit la famille, était non-seulement catholique, mais encore homme d'Eglise : il ne garda du reste son bénéfice que pendant peu de temps.

Enfin, vinrent les Clary (1). Ils apparurent au VIIe siècle et furent les derniers. On trouve encore au 10 février 1786 messire Jean-François de Clary, chevalier, seigneur baron de Saint-Angel, Lascaux, le Boucheron, Bard et autres lieux, présent en son château dudit Saint-Angel qu'il n'habitait pas le plus souvent. Il mourut à la veille de la Révolution et ce fut un prêtre, son frère Charles de Clary, vicaire général de Saint-Flour, qui assista à l'effondrement de sa maison.

Revenons au prieuré. L'histoire est assez sobre à son endroit. Elle ne mentionne après sa fondation que le bonheur qu'il eut de recevoir les précieuses reliques de saint Gaudence, martyr, et de saint Aubin, évêque. « Saint *Gaudence*, dit le naïf Bonaventure, » qui prend plaisir aux jeux de mots (2), se *réjouit*

Montaignac, capitaine de cinquante hommes d'armes, pour le louer du grand et signalé service qu'il a rendu au roi en reprenant le fort et monastère d'Anglars, et de ce qu'il s'est saisi de la personne de M. de Saint-Angel et de ses complices. Il le prie très humblement de faire en sorte qu'il rentre en possession de sa maison de Bellechassaigne, lui représentant que ce château est de la dernière importance pour le service du roi et pour la conservation du pays d'alentour, l'en priant comme son bon ami et voisin. » (Mémoire pour constater les services de MM. de Montaignac, manuscrit inédit de 7 pages in-folio).

(1) Mention dans l'intervalle (1639) d'un Gratien de Beaumont, chevalier des ordres du roi, seigneur et baron de Saint-Angel, Pompignan et autres places (Mss. de M. Clément-Simon).

(2) *Histoire de saint Martial*, IIe partie, p. 21.

» à Saint-Angel, avec saint Aubin, évêque d'Angers,
» qui lui tient compagnie dans le même sanctuaire. »
« On ne sait qui les porta, ajoute ailleurs ce même
» historien, ni en quel temps. Il est croyable que
» c'est durant le ravage des Normands, pendant lequel
» plusieurs autres saints des provinces voisines ou
» éloignées y furent aussi transférés comme dans un
» asile. » C'est, en effet, le plus probable. Malheureusement les années ont coulé fort nombreuses depuis, et ce que le sanctuaire possède aujourd'hui des deux saints n'est plus fait pour *réjouir* ni les deux saints ni le sanctuaire. Aussi bien faut-il le reconnaître, le prieuré de Saint-Angel n'a pas plus échappé que les autres monastères, ses frères, aux pillages, aux guerres, aux maux de toute sorte, qui désolèrent en divers temps notre pauvre pays. Au XIIe siècle, c'est Lobar, l'aventurier, qui le dévaste, comme il a dévasté Malemort et Ségur (1). Au XIVe, ce sont les Anglais qui s'en emparent et qui en font un de leurs boulevards. Le duc de Bourbon, suivi de plusieurs chevaliers de l'Auvergne, se voit contraint de les en débusquer. Ici nous citerons, car nous entrons dans des faits curieux qui intéressent directement l'église ; voici donc comment s'exprime le biographe du prince :

« Et demeurèrent un jour pour cuider traicter à eux
» (pour essayer de traiter avec les Anglais); mais ceux
» du Chastel n'y voulurent entendre. Or, sur ce, on
» advise que l'abbaye était couverte d'aissil (plan-
» ches, bardeaux); et firent tirer le feu dedans par
» plusieurs fusées, tant qu'il se prit *par tout le*
» *moustier de l'abbaye;* et furent ars (brûlés) tous
» les chevaux des Anglais et une partie de leurs
» allets (?); et se retrahirent (retirèrent) les gens
» d'armes en une tour qui là estoit où il n'avoit là

---

(1) Geoffroy de Vigeois, traduction Bonnélye, page 140.

» que manger ; et se essaya l'on à les prendre par
» force, car elle estoit moult belle. Auquel essay fut
» mort un chevalier du duc de Bourbon qu'il aimait
» bien, qu'on appellait messire Jean de Digoune, qui
» gist à Clermont. A ce fin ceux de la tour se ren-
» dirent au duc de Bourbon, leurs vies sauves (1). »

Cet incendie eut lieu en 1375. L'église, qui en garde encore la marque, s'en ressentit un fort long temps. De telles épreuves, en effet, de tels désordres ne sont pas faits pour maintenir l'esprit claustral, et nous sommes fondés à croire que le prieuré ne répara que lentement ses ruines matérielles et morales. Pierre de Montbrun, évêque de Limoges de 1427 à 1457 — un prélat réformateur dont l'histoire est une des plus curieuses pages qu'on puisse lire sur ces temps, — se présenta un jour devant le monastère : il avait un indult apostolique et venait dans l'intention de visiter. Le prieur lui refusa ce droit. L'évêque dut l'excommunier et jeter un interdit sur son couvent (18 février 1442, *vieux style* (2). Nous lisons d'autre part au *Pouillé* de Nadaud : « Ordonné en 1497 de bâtir cette église qui était brûlée depuis peu. » On voit par ces derniers mots que l'érudition du docte prêtre, en règle avec le fait de l'incendie, se trouvait en défaut sur la date ; nous aurons à voir également si son mot de *bâtir* est de tout point exact. Mais pour le fait de l'ordonnance épiscopale, le doute n'est même pas possible. Ce fut François de Levis-Ventadour, prieur commendataire, qui en fit ou poursuivit l'exécution. Cet illustre personnage, depuis évêque de Tulle et abbé d'Obasine, est en effet porté comme ayant fait consacrer son église en l'an 1515. Le 14 mars 1522

---

(1) CABARET D'ARENVILLE, *Vie de Louis de Bourbon*, ch. XXV, dans Marvaud, *Hist. du Bas-Lim.*, t. II, dernière page.

(2) NADAUD, Nobiliaire du diocèse et de la généralité de Limoges, t. I, p. 278.

(entendez 1523) il faisait commencer la restauration du clocher, qui ne s'est point fini (1).

Nous avons prononcé le mot de prieur *commendataire*. Saint-Angel, en effet, était dans les derniers siècles un prieuré en commende, et même un prieuré à la nomination du roi. Il est croyable cependant que cette nomination royale n'avait lieu qu'à défaut de celle de Charroux. Nadaud, qui la constate en 1569, fait foi aussi qu'à plusieurs dates, tant postérieures qu'antérieures, c'était l'abbé poitevin qui avait fait les choix (2). D'un autre côté, François Motier de la Fayette, le saint évêque de Limoges, qui était aussi abbé de Dalon, reçut du pape, vers le milieu du xviie siècle, le prieuré de Saint-Angel, parce que, dit un historien, le souverain pontife tenait à le défendre *contre les Confidentiaires* (3). Ce fut cet excellent prélat qui, en 1657, rendit à son bénéfice l'immense service d'y introduire la réforme de Saint-Maur. Il résigna en 1673 en faveur du cardinal de Bouillon, qui, dès 1659, abbé de Beaulieu, avait rendu à son abbaye un service pareil.

Le prieuré de Saint-Angel n'en jouit pas sans lutte. Un abbé de Charroux, Maurice de la Trémouille, s'efforça de mettre à néant l'acte d'affiliation; mais par la grâce de Dieu il ne put y réussir, et le pays n'eut certainement qu'à s'en féliciter.

Les bénédictins de Saint-Angel faisaient partie de la province de Chezal-Benoît. Aux termes des con-

---

(1) Roy-Pierrefitte, *Abbaye d'Obasine*, p. 24. — Ainsi parle cet auteur; mais le *Gallia christiana* place au 14 mars 1522 (1523) la date de la consécration. Il nomme même le prélat consécrateur : *Petrus de Albo* (Pierre Blanc sans doute), évêque d'Ascoli en Italie, qu'une petite pièce manuscrite dont nous avons copie donne comme étant de la ville de Mauriac.

(2) Roy-Pierrefitte, *Abbaye de Dalon*.

(3) « A la nomination de l'abbé de Charroux, » dit un pouillé étranger à la province.

ventions faites avec la congrégation, ils devaient être sept : un sous-prieur, un chantre, un sacristain et quatre religieux. Leur couvent payait en cour de Rome 762 livres, ce qui en montre l'importance. Les bénéfices qui en dépendaient étaient en effet nombreux. C'étaient : dans l'archiprêtré de Chirouze (dont le titulaire desservait Peyrelevade), la cure de Saint-Pierre d'Alleyrat ; le prieuré de Sainte-Marie de Ventéjoux, avec la cure du même lieu ; le prieuré de Sainte-Catherine, autrefois Saint-Hermès de Lignareix avec sa cure ; le prieuré de Notre-Dame de Chaveroche, avec sa cure du même nom ; enfin le prieuré de Notre-Dame de Veysse ; — dans l'archiprêtré de Saint-Exupéry, le prieuré de Notre-Dame de Neuvic, avec sa cure ; la cure de Notre-Dame dans la *ville* de Saint-Angel, et la cure de Saint-Fréjoux-le-Pauvre, qui est aujourd'hui unie à la paroisse ; — enfin, dans l'archiprêtré de la Porcherie, la cure de Notre-Dame de Floreux.

Il nous reste maintenant à énumérer ce que nous avons pu recueillir de noms de titulaires à travers les dix grands siècles qui ont séparé pour cette maison la date de la naissance de celle de la mort. La liste n'en est pas longue, hélas ! nous en convenons bien volontiers ; mais elle a du moins le mérite de l'inédit, et ne résultant, d'ailleurs, que de nos seuls efforts, elle peut espérer du temps d'être grossie encore. La voici donc dans son humilité :

..... Jean de *Mirabel ;*

xie siècle, Pierre de *Mirabel,* depuis abbé de Vigeois ;

1208, W. de *la Chassagne,* frère de P. de la Chassagne, abbé de Meymac, qui souscrivit avec lui à une donation faite au couvent de Bonnaigue. Il fut plus tard abbé de Meymac ;

1279, Abbon de *la Châtre (de Castrâ),* à qui Pierre III, abbé de Charroux, fit faire une composition avec Hugues de Mirabel, son feudataire (*Gal. christ.*, II, 1282);

1325, Bertrand de *Saint-Martial*, qui était en même temps prieur du Port-Dieu;

xive-xve siècle, N... de *Chabannes*, frère de ce seigneur de Charlus-le-Pailloux qui mourut à la bataille d'Azincourt, et qu'ont cité avec éloges Monstrelet et Juvénal des Ursins; il avait un autre frère au prieuré de Bort;

1468, Martin de *Mauriac*;

xve siècle, Bernard de *Champiers*;

1515, François de *Levis-Ventadour*, qui était en même temps abbé d'Obasine et évêque de Tulle, et à qui l'on doit la consécration de l'église (au 14 mars 1522 *(v. st.)* d'après le *Gallia*);

1550, Pierre de *Plas*, de Curemonte, abbé de Plein-Pied, au diocèse de Bourges et du Mas-d'Azil, au diocèse de Pamiers;

Vers 1580, Annet de *Fontanges*, protonotaire apostolique et fondateur dans la ville de Saint-Flour d'un collège disparu;

1628, Charles de Rochefort de Saint-Angel, qui fut aussi abbé de Dalon;

1657, François Motier de *la Fayette*, évêque de Limoges;

1673, Emmanuel-Théodose de *la Tour-d'Auvergne*, cardinal de Bouillon;

1708, dom Charles-Armand de *la Vie*, prieur de l'abbaye de Saint-Sever au cap de Gascogne;

1743, dom Pierre *Boucher*;

Vers 1779, messire Philippe-Auguste de *Rovault-d'Assy*;

Vers 1789, N... *Vielban de Grandmont*;

A côté de ces noms de titulaires, on en trouve çà et là quelques autres de prieurs claustraux ou sousprieurs : Jean Navières en 1708 ; Claude Donjean en 1709 ; François-Gabriel Buer en 1769 ; Alexis Durand en 1776 ; François Boutinot, vers 1780 ; et enfin Augustin Isnard, vers 1784.

Ce bon religieux fut le dernier des recteurs de l'antique maison. Son nom survit encore au cloître disparu, et les gens de l'endroit s'amusent à raconter dans leurs veillées d'hiver qu'il revient parfois, au milieu de la nuit, visiter sa cellule déserte et parcourir son large corridor. Hélas ! accueilli plusieurs fois sous son toit monacal, devenu presbytère, nous en avons, nous aussi, occupé, la nuit, le silencieux dortoir ; et s'il est arrivé que la fatigue, l'émotion ou l'étude nous aient avant heure entr'ouvert la paupière, avons-nous besoin de dire que nous n'avons rien vu, rien entendu de ce passé bien mort ? Un seul souvenir nous reste qui nous sourit encore : celui du doux rayon de lune qui, cette nuit-là, brillait à la fenêtre, et du chant plaintif que murmurait tout bas la Triousonne en sautant sous la colline sa digue de granit.

II

Sur l'éminence où il s'était assis, le prieuré de Saint-Angel se développait en carré autour d'une cour intérieure ou préau, dont le puits traditionnel, aujourd'hui comblé, déterminait le centre. C'est le plan commun à tous les monastères ; mais celui qui nous occupe a ceci de particulier qu'il sent encore un peu son moyen-âge. Nos anciennes maisons religieuses, rebâties pour la plupart dans les deux derniers siècles, n'offrent plus actuellement dans leurs murs renouvelés la trace des préoccupations enfantées par les guerres. Il n'en est pas ainsi à Saint-Angel : le cachet des vieux temps féodaux s'y trouve conservé, ou tout au moins reconnaissable.

Est-ce à dire que les dignitaires de la congrégation

de Saint-Maur n'aient pas, là comme ailleurs, promené leurs mains réparatrices? Assurément non : ils ont restauré, remanié, développé peut-être ; et si les destructions de ce siècle n'ont laissé sur le sol qu'une partie de leurs travaux, le *Monasticon Gallicanum*, dont M. Peigné-Delacourt a eu la bonne idée de publier les planches, est là pour rendre de leur action un témoignage autorisé. Mais enfin, en restaurant, en remaniant, en développant, ils n'ont pas tout effacé. On retrouve çà et là, avec des contreforts antiques, quelques-unes de ces étroites fenêtres, véritables meurtrières, qui, dans les temps de risques, mesuraient aux religieux un jour faible mais sûr ; on surprend encore dans le mur du midi les traces d'un encorbellement, destiné à supporter une galerie où parfois le pas des hommes d'armes devait résonner avec un bruit de fer ; enfin, dans l'angle du sud-est, on remarque une belle tour ronde, couronnée de machicoulis, et la même peut-être que celle dont nous parlait dans son curieux passage le biographe de Louis de Bourbon (1).

A qui voudrait poursuivre cette étude, il ne serait pas impossible de retrouver sous l'herbe des terrasses ou les murs du jardin la ligne des fossés qui protégeaient le monastère. On lui rappellerait au besoin qu'au pied de la colline, un troisième étang, aujourd'hui desséché, augmentait la défense du côté où se trouve maintenant la grande place ; et qu'enfin le bourg, alors petite *ville,* par les murs qui l'enfermaient, servait d'avant-garde au monastère et au château. Mais ce n'est pas le cas ici d'insister sur ces détails. Rentrant donc à l'intérieur, nous nous bornerons à signaler la salle capitulaire, qui attient à l'église, suivant l'usage général. C'est, ou pour mieux

---

(1) Il y en avait autrefois deux autres qui lui correspondaient à l'extrémité du corps de logis méridional : l'une était ronde et l'autre carrée ; celle-ci était la plus forte.

dire, c'était une belle pièce carrée, un peu basse, à quatre travées d'ogive, venant, au centre de la salle, s'appuyer sur un faisceau de colonnettes où convergent leurs nervures toriques : d'autres demi-faisceaux, le long des murs, soutiennent la retombée de ces nervures. Une fenêtre, en granit rose de Saint-Merd, ouvrait autrefois sur le cloître par deux baies géminées, dont une colonnette soutenait les ogives. On a supprimé cette colonnette, il y a quelques années, et la salle elle-même, a perdu l'unité qui en faisait la grâce. Une moitié sert de sacristie à l'église, et l'autre, subdivisée en deux pièces, fait fonction pour le presbytère de chambre à coucher et de salon.

Ouvrons une porte et entrons dans l'église.

L'église est au nord du cloître : c'est une disposition que nous devons retrouver à Meymac, mais qui n'était pas universelle. Dans les pays méridionaux, chez nous du moins, l'église était plus généralement au sud : c'était le cas de Beaulieu, d'Obasine, de Brive, d'Uzerche, et d'autres lieux. Tulle, Vigeois, pays moyens, faisaient seuls exception. Dans les régions montagneuses, c'était tout l'opposé : M. de Caumont en a fait comme nous la remarque. Effectivement, voyez avec Saint-Angel et Meymac, Bonaigue, Valette, Bort, Saint-Projet, le Port-Dieu, et hors du diocèse, la Chaise-Dieu, par exemple, Saint-Flour... On se faisait un abri de son église ; on recherchait pour les corps d'habitation le soleil du Midi : c'était tout naturel. En ce point, du reste, le symbolisme n'avait pas à gêner la nature. Si les hommes du Midi, en étalant au sud leur sanctuaire, se disaient : C'est de ce côté qu'il faut chercher la grâce, car c'est là qu'est le siège élu par le Très-Haut : *Deus ab austro veniet : ibi sedes Altissimi* (1) ; s'ils invoquaient au besoin

---

(1) Hugues de Saint-Victor, *Bestiaire*, liv. I, c. 12. — *Habacuc*, III, 3.

l'ombre rafraîchissante du saint lieu contre les ardeurs du démon méridional, *ab incursu et dæmonio meridiano* (1); les moines du Nord, de leur côté, se faisaient de leurs églises un boulevard contre ces vents glacés qui soufflent de l'enfer : *Siquidem,* comme a dit un liturgiste (2), *aquilo, ventus frigidus, diabolum significat... Nam et secundùm prophetam: Ab aquilone pandetur malum.*

Toujours est-il qu'à s'en tenir aux aspects naturels, l'église de Saint-Angel remplissait à merveille son rôle protecteur. D'une longueur à occuper tout un côté du cloître, qu'elle débordait même à l'est, elle dominait tout le monastère de ses combles aigus et de ses nobles murs.

C'est un édifice en croix latine, divisé en trois nefs, avec transept et abside à sept pans. Il mesure dans sa longueur totale 44 mètres. Sa plus grande largeur, qui se prend au transept, est de 30 mètres hors œuvre, 22 à l'intérieur; 18 mètres font la largeur extérieure de ses nefs, et 13 la hauteur générale du dedans.

Cette construction, nous l'avons fait entendre, n'est ni d'un seul style ni d'une seule époque. Aussi n'est-ce pas sans quelque surprise qu'on voit M. Viollet-le-Duc ne parler à son sujet que du XIIe siècle (3). M. Huot a fait cette méprise dans ses *Archives municipales de la ville d'Ussel* (4); mais l'ancien inspecteur des édifices diocésains ne pouvait raisonnablement s'égarer de la sorte : il n'aura voulu, sans doute, dans sa très courte note, que mentionner le style *primitif*, et, par le fait, c'est bien celui de ce temps-là.

---

(1) *Ps*, XC, 6.

(2) Durand de Mende, *Rational des div. offices.* — *Jérémie*, I, 14.

(3) *Diction. raisonné de l'archit. franç.*, article Eglises (*Corrèze*); t. V, p. 174.

(4) Page 88.

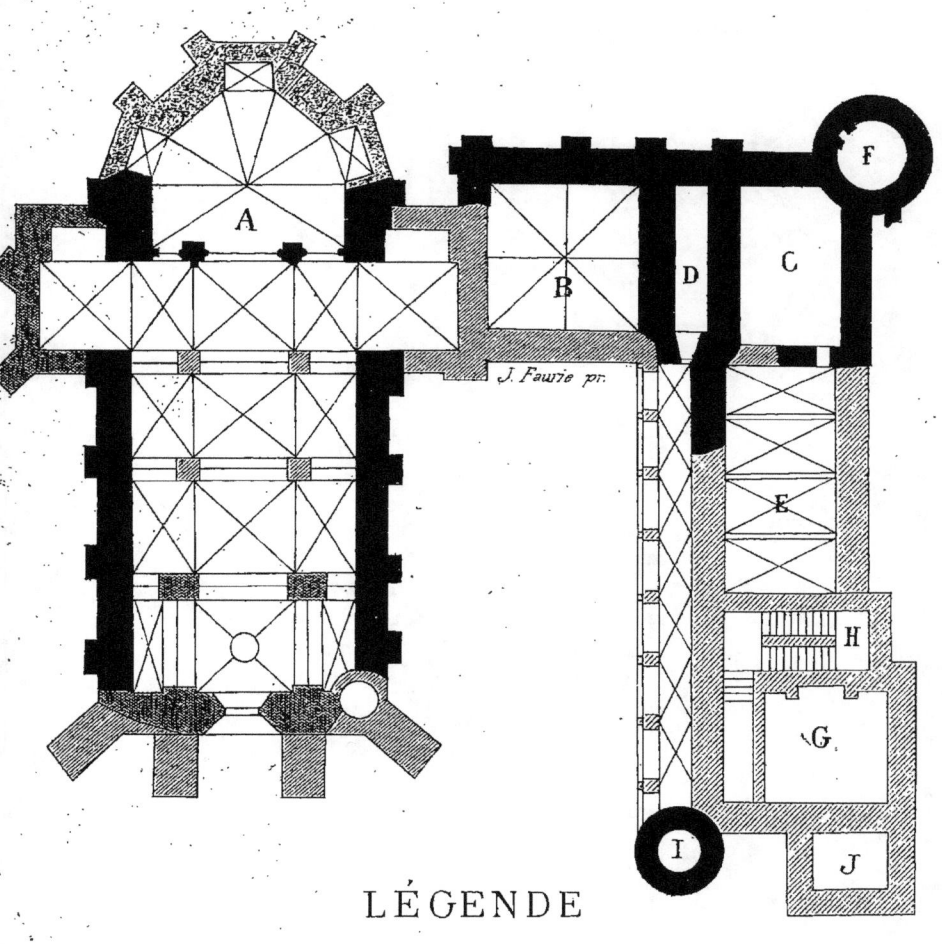

LÉGENDE

▰ XIIᵉ Siècle	A. Église	F Tour des Moines	Turris minor mon.
XIIᵉ et XIVᵉ	B Salle Capitulaire	G Pavillon principal	Turris major Prioris comm.
XIVᵉ (Fin)	C Cuisine	H Grand escalier	Gradus ad proed. turrim
XVIᵉ (Commᵗ)	D Dégagement	I Petite tour	Turris majoris specula
XVIIᵉ	E Réfectoire	J Écurie	Equilia

ÉGLISE & PRIEURÉ DE SAINT-ANGEL
CORRÈZE

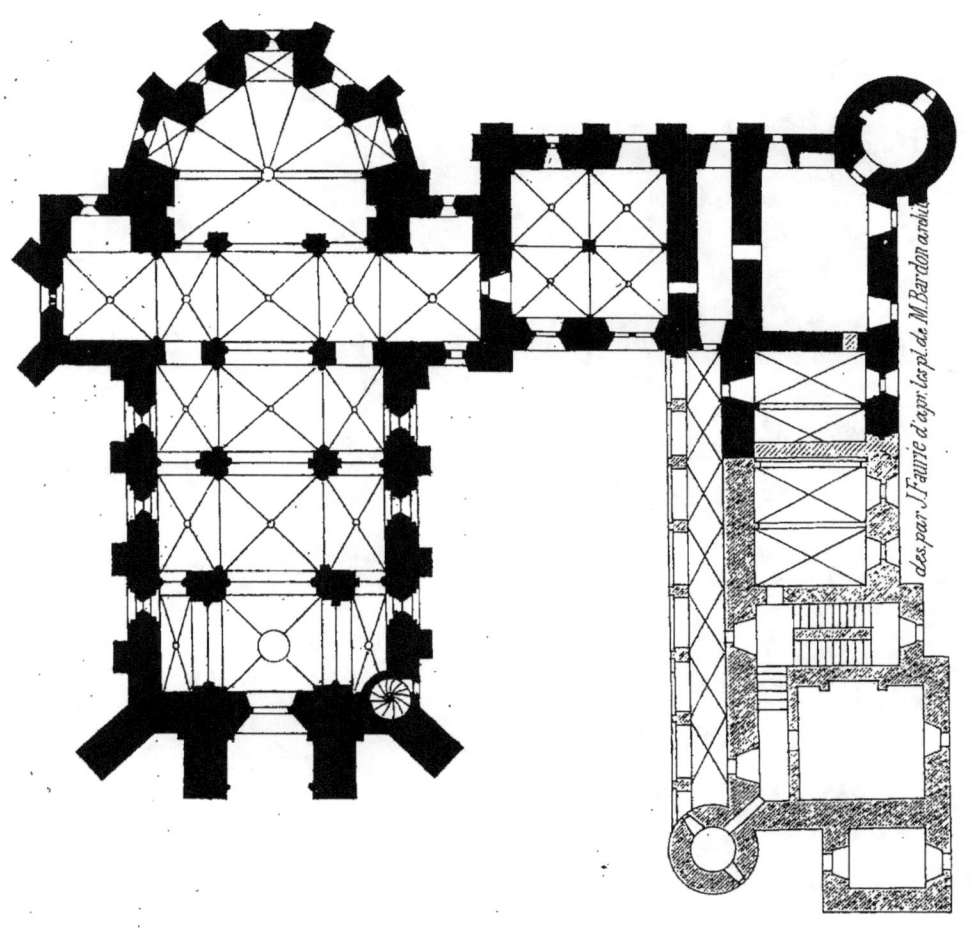

■ Parties conservées.
▨ Parties démolies.

Echelle
0ᵐ 0025 pour 1 m.

EGLISE & PRIEURÉ DE SAINT-ANGEL
CORRÈZE

Convenons-en, du reste, la première impression est vraiment saisissante. On se recueille, on regarde étonné ; mais au bout d'un moment deux époques certaines se font jour dans l'esprit, et, par une étude plus consciencieuse encore, on arrive à trois siècles.

Oui, selon nous et selon l'intelligent et jeune architecte qui nous accompagnait dans notre dernière visite (1), l'église de Saint-Angel est l'œuvre de trois siècles : le XIIe, le XIVe dans sa fin, et le XVIe dans sa première moitié.

Le XIIe siècle la vit construire en son entier. On n'éprouve aucune peine à suivre cette date d'un bout à l'autre du vaisseau, à la seule condition de savoir se borner. Ainsi, les murs latéraux de la nef, avec leur soubassement vertical à retraits arrondis, leurs contreforts plats, leurs modillons romans partiellement renouvelés, leurs fenêtres cintrées encadrées de colonnettes et de tores dont l'un se rompt en zigzag ; les piliers de l'intérieur, avec leurs cantonnements de colonnes engagées, leurs bases la plupart romanes, et leurs chapiteaux d'un caractère généralement indiscutable ; enfin, dans le mur extérieur de l'abside, une couronne de corbeaux encastrés et un soubassement pareil à celui de la nef : tels sont les témoins authentiques de l'époque assignée par M. Viollet-le-Duc, et les restes assurés de la première construction.

Nous avons dit l'incendie qui l'abîma en 1375. Il n'en demeura que les seules murailles ; encore une partie en fut-elle abattue, et l'autre ne resta pas insensible aux ravages du feu : on s'en aperçoit en parcourant la nef.

Il fallut donc reconstruire. Tarda-t-on beaucoup ? Pour ce qui est d'une partie de l'église, nous ne le

---

(1) M. Bardon, alors architecte libre, aujourd'hui architecte du département.

pensons pas. Si mauvais que fussent les temps, puisqu'on se retrouvait debout, il fallait bien se remettre à couvert, et pourvoir au premier des besoins comme aux premier des devoirs, celui de la prière. On fit donc ou l'on refit le transept et l'abside : on y joignit la salle du chapitre. Il nous semble que ces trois parties de l'édifice, sans en étudier d'autres, accusent assez la fin du xive siècle : on peut leur trouver aussi le cachet des circonstances.

Décrivons et nous tâcherons de justifier.

Nous ne revenons pas sur la salle capitulaire : le visiteur, s'il s'y reporte, n'y verra rien qui combatte notre pensée : il y verra plutôt des preuves à l'appui.

L'abside, aussi large que les nefs, s'ouvre par trois arcs qui leur correspondent. Etant donné le tracé sur le sol des bases romanes qui la portent, il y a lieu de croire qu'au xiie siècle comme aujourd'hui, elle avait ses trois chapelles, mais d'un développement plus considérable sans doute, et avec un déambulatoire qui en ouvrait l'accès. Aujourd'hui l'hémicycle est d'un seul jet. Découpé en sept pans inégaux, il se hérisse à l'extérieur de six contreforts massifs et saillants, reliés sous l'entablement par de fortes arcades, qui nous rappellent les murs du palais des papes, à Avignon, ou les parties occidentales de l'église de la Chaise-Dieu. Ces deux édifices, et d'autres qui fourniraient aussi des points de ressemblance (1), dans le Midi surtout, virent le jour en ce temps-là. C'était un temps d'affreuses guerres, et chacun faisait de son mieux pour se mettre à l'abri : de là, ce cachet de force au siècle de la grâce. M. Dominique Branche l'a remarqué dans cette basilique auvergnate, œuvre du premier des papes limousins, qui s'achevait précisé-

---

(1) Par exemple, l'église fortifiée de Saint-Germain-les-Belles, que nous avons visitée tout récemment, et qui fut bâtie par le frère du pape constructeur de la Chaise-Dieu, Hugues Roger de Maumont, cardinal évêque de Tulle.

ment au moment où brûlait celle de Saint-Angel : il le signale encore dans plusieurs autres monuments (1). Nos religieux, éprouvés par le siège, devaient-ils avoir moins que d'autres le souci de leur tranquillité ? Nous ne le pensons pas. Aussi, voyez ces cinq fenêtres qui éclairent l'abside : n'y trouvez-vous pas le signe de la crainte, nous ajouterions volontiers l'austérité du deuil ?

Où sont donc ces larges baies dont le Nord, à cette époque, éblouissait le regard, avec leurs nombreux meneaux, leurs mille découpures et leurs roses suaves ? Vous n'avez devant vous que d'étroites lancettes, sans ornementation. Au-dessous de trois d'entr'elles s'ouvrent trois médiocres chapelles, étroitement serrées entre les contreforts, et dont M. Viollet-le-Duc a remarqué comme nous les faibles dimensions : on dirait presque des enfeux. Elles ont des jours, mais des jours à peine perceptibles, d'un à deux pieds de haut sur demi-pied de large ; un glacis en pierre leur sert de toit à l'extérieur. Le transept a, lui aussi, ses deux chapelles ; mais elles sont plus grandes, et les jours aussi en sont plus grands. Toutefois, là comme dans l'abside, il faudra constater des préoccupations, relever même, si l'on veut, quelques anomalies. Que si l'on souhaite en quittant cette abside, avoir plus amples garanties encore relativement à la date que nous lui assignons, on n'a qu'à regarder les nervures des voûtes, soit dans l'hémicycle lui-même, soit dans les chapelles dont il est entouré. Leur forme torique, accentuée du filet en arête, les grêles colonnettes qui les portent avec leurs bases polygonales et leurs chapiteaux, simplement évasés, le style des clefs, surtout de la majeure, et celui des consoles accrochées çà et là, formeront une démonstration suffisamment cer-

---

(1) *Lettres archéol. sur l'Auvergne*, Revue de l'art chrétien, 1857.

— 24 —

taine, que l'étude du transept ne pourra que fortifier.

Là une immense mais toujours étroite fenêtre du seul côté découvert, qui est celui du nord : elle présente les formes fleuries du xive siècle. Le soubassement en talus des murs extérieurs, l'arc surbaissé des deux chapelles avec ses moulures toriques, la forme torique aussi des nervures de la voûte, la simplicité de leur réseau, leur belle projection, tout accuse encore la main de cette époque. Quelques détails en trahissent la fin; par exemple, la disparition absolue du chapiteau, et, qui plus est, sa suppression manifeste dans les colonnes romanes dont on a profité. Après cela, nous serions heureux de pouvoir appuyer nos conclusions du témoignage des armoiries que présentent les voûtes : ce sont des armes priorales, et, à défaut de date positive, elles pourraient servir de document. Malheureusement, elles ne nous sont point connues, et d'autre part, la liste des prieurs est restée incomplète ? Ce qu'il y a de certain, c'est que ces armes diffèrent de celles qu'on a suspendues aux voûtes de la nef, et qui, priorales aussi, sont, comme les précédentes, répétées presque partout. D'où cette conclusion que les caractères archéologiques fortifieront encore : le haut et le bas de l'église ne furent pas rétablis en même temps.

Ainsi, tout nous porte à le croire, le mot de Nadaud était exagéré : « Ordonné en 1497 de BATIR cette église incendiée *depuis peu*. » Elle était incendiée depuis cent-vingt-deux ans ! Si la plume de l'historien l'a mal servi dans ce dernier détail, elle peut bien aussi l'avoir trompé sur d'autres; il fallait écrire : ACHEVER.

La nef, on l'a vu, est, de toute l'église, la partie où l'on garda le plus des constructions premières. Le style roman s'y montre jusqu'aux voûtes. Il est dans les piliers, masses carrées cantonnées de colonnes, du même style et de la même époque que celles, par exemple, de l'église de Tulle; il est dans les fenêtres, ouvertures cintrées décorées de colonnettes et de tores, dont l'une, avons-nous dit, se brise en zigzag ; il est enfin dans les murs latéraux, qui portent écrit sur leur face intérieure les ravages du feu.

Qu'on ait cherché, en achevant l'église, à conserver ces restes, très robustes encore, à s'économiser ainsi la dépense et le temps, rien de plus naturel ni, pour vrai dire, de plus usuel à ces époques-là. Mais, à certains détails, on juge que l'accommodement souffrit quelques difficultés et entraîna par suite quelques remaniements. Ainsi, l'on remarque que la distribution des piliers s'accorde peu avec celle des jours. A Tulle, à Beaulieu, à Brive, à Obasine, partout enfin, vous voyez entre deux piliers briller une fenêtre, placée par l'architecte à égale distance des deux pilastres qui découpent les murs. A Saint-Angel, jours, piliers et pilastres alternent d'abord, se rapprochent ensuite, finissent enfin par se heurter. On voit même tel *oculus* qui a péri dans la rencontre...

Frappé de cette anomalie, un prêtre distingué qui passait dans l'endroit il y a quelques années, émit l'avis que la nef primitive n'avait eu probablement ni voûtes ni piliers, et que ces deux parties devaient ainsi se rapporter à la reconstruction de l'époque ogivale. Mais l'hypothèse ne peut se soutenir. Ce n'est pas, à coup sûr, en 1497 que l'on aurait construit des piliers de ce style, et comment, au surplus, nous expliquerait-on les trois arcs romans qui ouvrent le sanctuaire, comme aussi les colonnes engagées sur lesquelles reposent les voûtes du transept, et dont l'une garde encore l'astragale du chapiteau roman que l'on rogna au xive siècle ?

Non, il paraîtra plus rationnel de penser que, pour établir dans les compartiments des voûtes des proportions d'une certaine parité, pour rendre aussi deux de ces bases capables de porter le poids de la tour à construire sur le pignon d'ouest, on refit un certain nombre de piliers qu'on distribua sur le sol suivant les données du nouveau plan. C'est ainsi que l'on s'explique les retouches de certaines bases, et le travail hybride de quelques chapiteaux où la renaissance se rencontre avec l'ère romane. Quant aux colonnes engagées, pour les plier aussi aux caprices modernes, on les a mutilées en bon nombre jusqu'à la hauteur de quinze pieds. Aux vieux piliers qui sont restés en place, cette mutilation a laissé les anciennes bases, visibles encore sur le pavé, et le coup de ciseau mutilateur marque parfaitement, malgré le badigeon ; mais dans les piliers refaits, où la suppression était prévue d'avance, on ne saisit pas ce double caractère, qui offre ainsi un intérêt confirmateur.

Deux des culs-de-lampe qui soutiennent ces colonnes tronquées attirent l'attention. Ce sont en effet les deux seules sculptures que présente l'église. Ce n'est pas beaucoup dire. Elles se font face au milieu de la nef et représentent l'une et l'autre l'archange saint Michel. Dans l'une, du côté du nord, le prince des milices célestes foule aux pieds le démon abattu : il tient sa croix d'une main et de l'autre un écu à *trois jumelles en bande*, dont il sera parlé plus bas. Dans l'autre, au midi, il porte sa balance et menace du glaive le dragon infernal, qui ouvre déjà sa gueule sur le corps nu d'un tout petit enfant (On sait que la forme d'enfant est celle sous laquelle le moyen-âge représentait les âmes). Aux pieds de l'archange, même écusson que ci-dessus, avec une mitre et une crosse, indiquant vraisemblablement des armes de prieur.

Les piliers remaniés, les murs appropriés, on jeta par dessus ces voûtes ogivales dont la hauteur reste partout la même, soit dans la grande nef, soit dans les bas-côtés. Issues d'une époque où les formes prismatiques non moins que les réseaux variés étaient en grand honneur, elles ont gardé le simple dessin en sautoir et la simple nervure torique que leur traçaient les plans du xive siècle. On ne s'est permis que l'adjonction d'une faible moulure, et la suspension, où besoin en était, de ces consoles cylindriques et cannelées qui attestent partout le travail de la Renaissance. Nous les retrouvons, faisant office de chapiteaux, dans les voussures du portail. A part du reste cette particularité, la porte, avec ses colonnes et ses arcs en ogive, reste fidèle au plan primitif de la restauration.

Faut-il en dire autant de ces énormes contreforts qui se projettent sur la façade, en donnant à ses sombres murailles un cachet de force si hautement accentué ? On les avait construits pour soutenir un clocher, resté malheureusement non fini sous les combles. C'était l'œuvre qu'avait entreprise en 1523 François de Lévis-Ventadour, et c'était pour elle qu'on avait fait si forts aussi les deux premiers piliers de l'intérieur. Mais pour ne parler que des contreforts, il est certain que leurs retraits, leurs amortissements trahissent à merveille la date de l'ouvrage. Entre les deux qui resserrent l'entrée, s'abaissait autrefois le toit d'un petit porche. Il n'en reste plus que la trace ; mais deux niches qui en ornaient les flancs se sont mieux conservées : c'est de la Renaissance toute pure.

N'oublions pas de mentionner les écussons, qui témoignent aussi à leur manière de l'époque de cet achèvement. Diversement découpés ou étalés sur des cartouches, comme on aimait à les faire dans le xvie siècle, ils présentent des armes qu'on chercherait en vain dans le haut de l'église. C'est généralement l'écu aux trois jumelles en bande. Il accuse le travail du prieur ou d'un prieur de la maison de Plas. Les de Plas portaient en effet d'argent à *trois jumelles de gueules en bande*. Nous devons dire en ce cas que François de Lévis-Ventadour ne fut pas le seul auteur de l'œuvre dont l'histoire lui décerne l'honneur : il n'en fut même pas le principal. Si l'échiquier de Ventadour fait son apparition dans cette nef, ce n'est qu'à une des travées du bas-côté septentrional, sans aucun signe distinctif ; tandis que l'écu aux trois jumelles remplit à peu près tout.

Mais ne serait-il pas bon de donner aussi les armes du transept ? Les voici :

Dans le croisillon du nord, répétée sur deux clefs, une *bande entre cinq roses, 3 et 2*. — Dans le croisillon du midi, également répété sur deux clefs, *un lion surmonté d'un chef, chargé lui-même d'une étoile entre deux coquilles de saint Jacques*. Le visiteur retrouvera cet écu, adossé à une crosse, sur une des dalles de la nef, et s'il pousse ses pérégrinations jusqu'à Bonnaigue, nous le lui dénonçons, avec le même insigne, sur l'une des pierres de la fontaine du préau. — Enfin, au centre de la croisée, sur un des contreforts du nord, et probablement aussi sur une porte du sud qu'on a mutilée dans la Révolution, ces mêmes armes réunies en écartelé, avec ou sans l'insigne prioral.

Voici l'émail qu'en a donné l'abbé A. Lecler, d'après un manuscrit de la Bibliothèque nationale (sect. franç. n° 5,024) : « A Saint-Angel, on trouvait dans les vi-
» traux les armes suivantes : *Ecartelé : aux 1 et 4*
» *d'or au lion de sable, au chef d'azur chargé*
» *d'une étoile accostée de deux coqs* (lisez *coquil-*
» *les*) *d'argent; aux 2 et 3 d'argent à une bande*
» *de gueules, à l'orle de six roses de même* (1). »

C'est bien conforme, ou à peu près ; mais de qui étaient ces armes ?..

En attendant que le temps nous le dise, laissons un peu le passé et passons au présent.

Dans le présent, l'église de Saint-Angel conserve encore un avantage : c'est d'être aux mains de deux conseils et d'un curé intelligents, dévoués, préoccupés de sa beauté sévère, et désireux de lui rendre, dans la mesure de leurs forces, les beaux jours qu'elle a pu traverser. L'Etat et le département ont souri à leurs

---

(1) *Notes sur quelques vitraux anciens* : Bulletin de la Société arch. et hist. du Lim., tom. XVII, p. 50.

efforts; une allocation considérable leur a été votée, et les travaux ne vont pas tarder à s'ouvrir.

Je dis mal, ils sont ouverts; déjà, dès 1861, l'œuvre était commencée. Sur l'inspiration de son maire, M. Adrien Calary, le conseil municipal avait affecté près de trois mille francs soit aux réparations extérieures des contreforts, soit au regrattage intérieur d'un des deux croisillons. Disons un peu pourquoi.

L'église de Saint-Angel, cette pauvre église si intéressante, comme on l'a vu, par tant de grands cotés, était bien peut-être, et par sa grandeur même, l'église la plus nue qu'on pût voir à la ronde. Situation regrettable, sans doute, mais situation qui, dans notre diocèse, ne surprendra personne. Nous sommes, en effet, les enfants d'un pays beau de foi, riche de souvenirs, varié d'aspects, mais peu gâté de la fortune; d'autre part, le gouvernement, qui songe à nous à cette heure, nous avait trop longtemps oubliés. A Saint-Angel donc, pas un tableau, pas un vitrail, pas une boiserie, pas un objet précieux! Le passé n'avait rien laissé, le présent n'avait rien acquis. Mais, en compensation, il y avait les pierres, et les pierres étaient belles, plus belles qu'ailleurs généralement. Partout le bloc taillé, au dedans comme au dehors, à la voûte comme aux murs : de moellons grossiers, d'épais ciments, de joints informes, l'œil n'en voyait guère, et pour tout dire, en vérité, c'était un bel appareil.

On avait donc pensé, — c'était fort bien pensé, — qu'il fallait commencer par rendre à ces murailles leur lustre primitif, en les débarrassant de leur vieux badigeon. On se mit à l'œuvre; on gratta patiemment, et, dès 1861, le blanc, le jaune ou le rouge désertèrent tout le croisillon nord, qui ne s'en porta pas plus mal. Ils auront dans quelques mois déserté de même et l'abside, et le croisillon sud, et l'église tout entière; après quoi, rentreront les vitraux, qu'inaugurent déjà des dons particuliers. Puis viendront les autels; on isolera celui du sanctuaire en refaisant le déambulatoire sillonné par les pas des aïeux, et la Vierge reprendra sa place dans la chapelle, aujourd'hui close, qui se trouve dans le fond du chevet. Adieu pour lors, adieu même dès aujourd'hui à la vieille, et sombre, et affreuse tribune qui vous écrasait l'œil dès l'entrée de l'église! On vient d'en finir, paraît-il, avec cette abominable superfétation. Ce n'est pas trop tôt. Pourra-t-on même croire, à l'avenir, qu'elle ait duré un si long temps? Ah! si sur ses ruines pouvait grandir le clocher dont le xvie siècle ne nous a guère laissé que les bases!.. C'est un vœu que nous formons sans dire davantage, car nous n'avons pour le moment que des données insuffisantes sur les plans de l'architecte chargé de la restauration. Mais nous ne doutons pas qu'ils ne soient très heureux, et que l'Etat, le département, comme aussi la commune, n'aient à se féliciter bientôt des sacrifices qu'ils ont faits. Ces sacrifices, le département, l'Etat et la commune auront à cœur de les poursuivre; la tâche commencée ne s'arrêtera pas qu'elle n'ait abouti, et partout, espérons-le, dans un temps assez court, nos monuments, restaurés, consolidés, complétés au besoin, n'inspireront plus aux regards qui les cherchent et les aiment ni regrets ni désirs.

§ II. — MEYMAC.

I

Meymac est comme une oasis au sein de nos montagnes. Quand on y vient par la route d'Aubusson à Mauriac; que l'on a, pendant trois grandes heures, sillonné cet âpre et solennel plateau dont le mont Bessou est le point culminant; que l'on s'est, pendant trois grandes heures, saturé à plaisir de solitude, de silence, de paysage sans vie, d'horizon sans surprise et de couleur sans grâce, on éprouve comme du bonheur à fouler du pied le plantureux velours de ce joli vallon. Il est si frais, si doux, si dru ! Et la ville en est si fière ! Elle vient s'y ébattre, mais ne craignez pas qu'elle vienne y bâtir. Ses maisons s'étagent au flanc de la colline, et de là, par la fenêtre, l'habitant de Meymac regarde son vallon...

L'avez-vous traversé en arrivant d'Ussel, de Bort ou de Neuvic ? Vous avez pu alors, à travers les peupliers qui bordent la grand'route, admirer les arcs des trois vieilles absides, couronnant de leurs murs vénérables l'ancien jardin des religieux. Vous avez vu sur leurs flancs, au midi le monastère dont le style vous accusait assez la fin du xviie siècle, et au nord l'hôpital où vous irez cueillir une inscription parfaite :

HOSPITIVM HIC : ALIBI PATRIA.

Puis votre œil s'est porté sur les toits de la ville, dominant cet ensemble, et dominés eux-mêmes par une vieille tour, jadis défense et aujourd'hui beffroi. Enfin, toujours devant vous mais dans l'arrière-plan, le mont Bessou vous a présenté ses pentes boisées et sa crête sévère, qu'agrémente une ligne de pins.

Il y a huit siècles, ces lieux étaient autrement vides. On n'y voyait qu'une église sans nom que tenait en fief de l'évêque de Limoges Archambaud III, vicomte de Comborn. Cet Archambaud était d'un rude sang. Il avait eu pour père un parricide ; il eut pour frère un meurtrier, pour fils un adultère : il ne lui manquait plus que d'être lui-même un criminel. On prétend qu'il le fut. Nous disons : on prétend, car, pour être possible, le fait n'est pas certain. Il ne l'est pas en lui-même ; il ne l'est pas davantage par rapport à son auteur. Sous la plume de Mabillon (1), c'est un

---

(1) *Annales ordinis S. Benedicti*, tom. V, pag. 160.

on-dit : *ut aiunt ;* sous celle de Baluze (1), c'est une ancienne tradition du pays : *apud nostrates vetus traditio ;* le crime n'est du reste relaté nulle part : *quam tamen nuspiam inveni scriptam.* On ne le trouve même pas dans la *Chronique* de Vigeois, peu sobre cependant de détails de ce genre.

Quel est-il donc? Le voici dans son vague et dans son laconisme. *Un* vicomte de Comborn, transporté de colère, se serait un jour rendu à Tulle et aurait massacré douze religieux de l'abbaye. L'*Histoire* de cette ville n'en dit pas davantage ; mais les courtes paroles qu'elle produit de Mabillon insinuent que ce meurtre aurait été le fait d'Archambaud III, et l'origine réelle du monastère établi par cet homme à Meymac vers l'an 1085. C'est bien : seulement il y a là un point difficultueux. La tradition telle qu'elle se rencontre avec la légende des origines de Glandier. Celle-ci, recueillie par un contemporain de Mabillon et de Baluze et consignée dans un ouvrage découvert par M. Brunet, le *Calendarium domus Glanderii,* porte en substance la narration suivante :

L'abbaye de Tulle, privée de son pasteur, aurait eu, suivant les règles, à s'élire un nouveau supérieur. Or, le vicomte de Comborn convoitait ardemment pour un moine de ses neveux la succession abbatiale. Pour la lui assurer, intrigues, caresses, menaces, il usa de tout et n'aboutit à rien : l'abbaye ne voulait décidément pas de son neveu. Le vicomte furieux accourut alors au chapitre, et, entouré de ses hommes d'armes, renouvela les obsessions. Une fois de plus il échoua. Alors, transporté de fureur, il étendit de sa propre main *sept* religieux sur le carreau.

Le repentir ne se fit pas attendre. Sa colère assouvie, le vicomte comprit l'horreur de son forfait. Saisi de remords — on en ressent à moins — il appela des

---

(1) **Historiæ Tutellensis**, lib. II, pag. 106.

— 33 —

personnes prudentes, leur confessa sa faute avec componction, et, sur leur conseil, partit pour Rome. Le souverain pontife lui imposa la fondation d'autant de monastères qu'il avait tué de religieux. Du nombre de ces monastères fut la chartreuse de Glandier.

Comme on le voit, les deux traditions sont au fond identiques, et, à part le nombre des moines massacrés, un auteur n'a fait, ce semble, que développer l'autre. Contrairement au sentiment de M. de Larouverade (1), mais conformément à celui de M. Brunet (2), nous avons peine à croire à la coexistence de deux crimes pareils, sous le même nom, dans la même famille, dans la même abbaye. Il est vrai que la fondation de Meymac, œuvre d'Archambaud III, se réfère à l'année 1085, tandis que celle de Glandier, due à Archambaud VI, n'a pour date que l'an 1219 ; mais M. Brunet concilie tout en rejetant la faute sur le premier des deux vicomtes, et en attribuant à l'autre l'accomplissement partiel de la réparation. Son hypothèse a même l'avantage d'assigner au moins deux fondations de quelque importance à une pénitence qui en enfermait sept, peut-être même douze. Malheureusement nous croyons l'avoir passablement infirmée dans une courte dissertation que nous avons insérée à la suite de la nouvelle édition de la notice sur Glandier (3). Il résulterait de nos observations que le véritable meurtrier de Tulle serait Archambaud VI, le fondateur de la chartreuse, et non Archambaud III, le fondateur de Meymac, dont les origines n'auraient par conséquent rien à démêler avec la tradition.

Quoiqu'il en soit, ni à Glandier ni à Meymac, vous ne trouverez dans l'acte de fondation allusion quelcon-

---

(1) *Etudes historiques sur le Bas-Limousin*, étude V, pag. 273-274.

(2) *Notice historique sur l'ancienne chartreuse de Glandier*, pag. 5 de l'ancienne édition, 13 de la nouvelle (1879).

(3) Pages 97-8-9.

que à ce qui vient d'être dit. Les deux vicomtes n'ont qu'un souci, le bien de leurs âmes et celui de leurs parents. Archambaud III, cependant, en formule d'abord un de plus élevé : « Comme tous les chrétiens religieux, s'écrie-t-il dès le commencement de l'acte, viennent se rencontrer dans l'unité de foi et doivent soutenir avec fermeté la sainte Eglise catholique, c'est le devoir de tout homme que distingue en ce siècle un pouvoir élevé, d'augmenter, dans la mesure de ce pouvoir, les biens ecclésiastiques, afin de se rendre en ce monde le Seigneur favorable, d'atteindre en l'autre à l'éternelle vie, et de jouir au Ciel avec les élus..... C'est pourquoi, moi, Archambaud, vicomte, fils d'autre Archambaud, vicomte, fils lui-même d'Eble, vicomte... voulant augmenter les biens ecclésiastiques plutôt que les réduire, tremblant, du reste, pour le jour du jugement et considérant l'extrême péril de mon âme ; — pour le remède de celle de mon père, de celle de ma mère, de la mienne propre, de celles de mes frères, Eble et Bernard, de celle enfin de mon fils Eble ; pour que le Dieu de bonté nous soit propice à tous, — j'ai prié le seigneur Guy, évêque de Limoges, avec son clergé, de me permettre, dans cette église que je tiens d'eux en fief, d'édifier un monastère à l'honneur de la Sainte-Mère de Dieu, Marie ; de telle façon que dans cette église, qu'on appelle Meymac, selon la règle de saint Benoît s'établisse, se maintienne et s'observe l'ordre monastique ; mais avec cette clause expresse que le don soit fait à l'autel de cette même église sans aucune réserve frauduleuse, et qu'elle soit libre de toute coutume comme l'est le monastère d'Uzerche, exception faite toutefois du synode et de l'apprêt..... »

L'évêque et le chapitre lui accordèrent tout, à une condition cependant : c'est que le vicomte, de son côté, leur abandonnerait l'église d'Objat, qu'il tenait aussi en fief de l'église de Limoges, et que cette église convoitait ardemment parce qu'elle se trouvait au milieu de ses biens. Archambaud, à son tour, fit cette concession ; puis, tout étant conclu pour l'objet de leurs vœux, l'évêque et le vicomte remirent solennellement le nouveau prieuré à l'abbaye d'Uzerche, avec prière de le prendre à sa charge et de le gouverner selon son bon plaisir. Les deux actes de fondation et de donation furent rédigés le même jour, 3 février 1085 (1). Le vicomte était alors sur le point de s'éteindre, et déjà les moines se trouvaient installés à Meymac, où l'évêque de Limoges était allé précédemment en compagnie de l'abbé d'Uzerche, consacrer un autel et confirmer à toujours son entier abandon.

Les vicomtes de Comborn ne furent pas les seuls bienfaiteurs de Meymac. Ceux de Ventadour, qui étaient de leur sang, lui donnèrent aussi des marques de leur munificence. Un de leurs vassaux, Aymard de Merle, lui fit présent, avec la permission d'Eble, son seigneur, d'une église dédiée à saint Léger, qui fut peut-être le chef-lieu de la commanderie de Saint-Léger de Merle. Girbert, damoiseau, d'une famille de Meymac, qui en portait le nom et dont nous avons rencontré d'autres membres, lui céda diverses métairies l'an 1256. Guillaume de Maumont, chanoine de Limoges; Pierre de Maumont, chevalier, et plusieurs de leurs parents, firent des dons nombreux, et nous sommes encore bien éloignés de tout savoir. Au siècle dernier, Meymac payait en cour de Rome 731 livres, et avait à sa nomination les bénéfices suivants : dans l'archiprêtré de Chirouze, le prieuré de Ladignac (Haute-Vienne) ; dans l'archiprêtré de Saint-Exupéry, ceux de Saint-Victour, de Saint-Etienne-la-Geneste, de Neufjours et de Rosiers, avec les cures de Notre-Dame de Meymac et de Saint-Sylvain de Chirac; enfin, dans

---

(1) *Historia Tutellensis*, in *Appendice actorum veterum*, col. 869 et suivantes.

l'archiprêtré de La Porcherie, le prieuré de la Forêt-Thoulière et la cure de Saint-Cyr (1).

Le monastère d'Uzerche n'eut pas l'avantage de conserver sans trouble l'importante maison qu'on lui avait soumise. Un demi-siècle était à peine écoulé qu'un moine intrigant érigeait de sa propre autorité le prieuré en abbaye et s'en attribuait la direction. Il s'en suivit entre les deux cloîtres des altercations vives et longues; mais enfin la triple autorité de l'évêque de Limoges, de l'archevêque de Bourges et du pape Eugène III fit rentrer le coupable dans le devoir. Un point toutefois fut acquis à Meymac : ce fut le titre abbatial (1146). L'abbé d'Uzerche en consacra l'usurpation, par égard, paraît-il, pour le vicomte de Ventadour, qui tenait tant à l'honneur de posséder une abbaye sur ses terres ! — Bonnaigue était encore à naître. — Nous voyons quelques années plus tard (1175) l'archevêque de Bourges, du consentement des deux monastères, faire lui-même une élection d'abbé (2). L'action du métropolitain pouvait en effet n'être pas inutile : qu'un siècle encore s'écoule et Simon de Beaulieu, de passage à Meymac, trouvera les moines dans la dissolution (3).

Une ville cependant s'était formée autour du monastère : elle devint l'une des quatre principales de la vicomté de Ventadour. En 1345, s'il faut en croire M. Marvaud (4), le vicomte lui aurait octroyé une charte communale. M. Marvaud peut dire vrai, mais sans dire assez juste : d'après l'auteur des *Fragments historiques* (5), Bernard de Ventadour n'au-

---

(1) BONAVENTURE DE SAINT-AMABLE, *Annales du Limousin*, pag. 424.

(2) *Hist. Tutel.*, même Appendice, col. 847, 848 et suivantes.

(3) *Acta visitationis archiepiscopi Bituricensis*, apud BALUZE, *Miscellan.*, t. I.

(4) *Géographie du département de la Corrèze*, pag. 149.

(5) DELMAS, déjà cité, p. 68.

EGLISE ET PRESBYTÈRE (ancien Prieuré) de St ANGEL (Corrèze)

rait fait que ratifier en 1345 ce que son aïeul Eble VII avait accordé en 1300. Quoiqu'il en soit, moins d'un siècle après la charte, en 1430, les habitants se permettaient de déclarer au roi que leur ville avait été « une très belle et puissante ville » : petite exagération, si vous voulez, mais qu'autorisaient parfaitement les circonstances et l'usage ; et puis, malheureusement, ce n'était plus l'état actuel : c'était celui d' « avant les guerres, qui trop longtemps ont duré en icellui pays de Limozin ». Aussi demandait-on l'aide royal pour « les réparations, fortifications et remparemens » de ladite ville et châtellenie. Le roi se montra bon prince, et accorda tout ce qu'on demandait.

Moins aimable, pour sûr, était le comte Louis de Lévis. Il le fit bien voir, en prenant, vers 1472, possession de sa nouvelle seigneurie de Ventadour. Le bruit s'était répandu dans Meymac qu'il allait abolir les privilèges de l'endroit; ce bruit, malveillant, à vrai dire, et de nature à indisposer la population, ne le fit pas sourire : « Je ne veulx riens innover, » écrivit-il sans retard aux « cossouls » ; « mez sy vouz enlevez à noz fils chouses indues et que n'eussiez accoustumé, de sela je suis bien délibéré de le fere réparer à ceulx qui l'ont fet..... Sçavez bien que je ne vouz fiz jamez ne tort ne offence ? Pour ce, ne croiez point les paroles de fous ne de méchant gens; car sy vouz le fetes, *vouz en repantyres et ne sera pas tems*. — Escrit à la Voulte, etc. — LOYS DE VANTADOUR (1).

Dans ce malheureux XVe siècle, si lourd à son début d'épreuves et de hontes, Meymac n'avait guère besoin d'ajouter à ses maux. Nous venons de l'entendre parler, avec un sentiment que toute âme s'explique, des horribles longueurs de la guerre anglo-franque :

---

(1) HUOT, *Archives municipales de la ville d'Ussel*, pages 57, 58.

hélas ! il savait bien pourquoi. Il avait vu son abbaye prise, pillée, saccagée, mise en un tel état que tout tombait en ruines dans les lieux réguliers. Encore n'était-ce qu'un appoint à d'autres infortunes : le feu s'était abattu sur ce cloître comme sur Saint-Angel, et tandis que les flammes dévoraient la demeure, les biens restaient en friche faute de bras. S'imagine-t-on, par la situation du cloître, la situation de la ville elle-même ?... « Mortalité » d'une part, lutte atroce de l'autre, quel âge, Dieu du ciel, que celui qu'elle avait traversé ! Et pourtant, dans le xve siècle, Meymac fut témoin d'une générosité religieuse sans pareille dans aucun temps de son passé. Le *Pouillé* de Nadaud énumère jusqu'à sept vicairies fondées à cette époque. Ce n'était pas de trop. Les prêtres réunis en communauté n'étaient pas moins de vingt-sept en l'an 1508. Il y eut plus tard entre ces prêtres urbains et les religieux, réduits en nombre comme en fortune, des luttes fort curieuses, fort longues, et d'autant plus inévitables que le temps qui les vit se produire fut loin d'être celui de la pleine ferveur. Pour le moment dont nous parlons, l'abbaye venait de tomber en commende, et tel était encore son misérable état que le parlement de Bordeaux avait dû ordonner au premier titulaire de fournir à ses moines la nourriture non moins que les habits, comme aussi de les faire manger à une table commune. Nadaud ajoute que, pour rétablir son monastère, ce pauvre abbé sollicitait des indulgences et envoyait des quêteurs dans deux ou trois diocèses !...

Heureusement de meilleurs jours se levèrent pour la maison. En 1648, elle accepta le joug des Bénédictins exempts ; elle fit un pas plus fortuné encore en s'affiliant, l'an 1669, à la congrégation de Saint-Maur. Ce fut son abbé du moment, le fameux Hédelin, plus connu sous le nom de son autre abbaye d'Aubignac, en Berry, qui signa l'introduction de la réforme : il se démit l'année suivante, du consentement du roi dont il était l'aumônier ordinaire. Fils d'un poète parfaitement obscur, cet abbé d'Aubignac s'était produit à son tour parmi les gens de lettres. Il querella beaucoup, il écrivit beaucoup, il disserta beaucoup, et n'atteignit qu'une gloire douteuse : l'érudition ne compensait pas chez lui l'absence de l'esprit, du jugement et du bon goût.

Mais puisque nous parlons d'érudition, il est sur ce terrain une gloire plus pure ; et, pour Meymac, ce n'est plus celle d'un de ses abbés, c'est celle d'un de ses enfants. Nous voulons parler de dom François Chazal. Engagé dans la congrégation à l'âge de dix-sept ans, et successivement prieur de Brantôme, de Saint-Maixent, de Saint-Benoît-sur-Loire, enfin de Pontlevoy, il ne passa dans aucun de ces lieux sans en laisser l'histoire : celle de Saint-Benoît-sur-Loire fut des plus remarquées. C'était du reste un homme de zèle, d'oraison, de pénitence, récitant tous les jours les deux offices de la Vierge et des morts, et toutes les semaines le psautier en entier. Il s'éteignit dans son collège de Pontlevoy, le 13 décembre 1729.

S'il pouvait être de quelque utilité de rechercher tous les souvenirs attachés à ce nom de Meymac, nous reviendrions à la liste de ses abbés, non pas pour la composer, car ici elle existe (1), mais pour y mentionner quelques noms plus illustres : Honoré Tournely, l'éminent théologien, Anne de Lévis Ventadour, archevêque de Bourges, Jean du Bellay, évêque de Limoges, qui fut honoré de la pourpre romaine. A quoi bon ? C'est assez causer pour notre but, et l'histoire de Meymac n'est pas à faire : elle est faite. Un homme du pays, un homme regretté, M. Treich-Laplène, avait dépensé à cette œuvre ses soins et son amour. Il est mort sans la publier, mais le livre est

---

(1) Voir le *Gallia christiana*, MARVAUD, LEGROS (Mém. mss.).

sous presse. Nous n'avons eu l'avantage, il est vrai, ni de l'ouïr ni de le lire ; toutefois nous avons la confiance qu'il justifiera pleinement l'estime qu'on nous en a donnée. Qu'on nous permette donc de renvoyer le lecteur à cette œuvre plus longue. Le public, qui l'attend, en jouira bientôt.

II

L'abbaye de Meymac a conservé ses bâtiments d'habitation. Ils n'offrent rien qui remonte à un très haut passé. C'est l'œuvre des bénédictins de Saint-Maur, et dom Germain les a reproduits dans son *Monasticon Gallicanum*, où ne figurent que trois monastères du pays, Saint-Angel, Meymac et Beaulieu. Ils font assez noble figure, vus surtout du côté des jardins ; on regrette pourtant qu'ils serrent de trop près l'abside du midi, et qu'ils n'atteignent pas les proportions de l'ancien monastère : il est clair que le nombre des religieux avait beaucoup baissé. Du reste, félicitons la ville d'avoir laissé ou rendu à ces bâtiments leur destination religieuse. Les Frères en occupent une partie et l'autre sert de presbytère ; quant au préau, il est devenu place publique.

Très probablement, ou pour mieux dire incontestablement, les moines de Meymac commencèrent leurs offices dans la petite église qui les avait reçus. L'autel consacré par l'évêque de Limoges et dont nous parlait un des actes du 3 février 1085, était, sans aucun doute, le résultat d'un agrandissement de cette église en vue de sa nouvelle destination. Cet état de choses dut voir finir le siècle.

Au siècle suivant, le prieuré, sur le point de s'ériger en abbaye, avait pris un développement considérable. D'une part, sa fortune était grande ; de l'autre, les cloîtres limousins étaient partout occupés à bâtir.

Nous avons dit ailleurs (1) cette floraison monumentale, digne pendant de la floraison monastique qui nous valut à la fois en un demi siècle, Dalon, le Beuil, Bonlieu, Boubon, le Palais, le Port-Dieu, Obazine, Coiroux, Bonnaigue, Valette, Prébenoît, La Celette, Aubepierre, et tant d'autres maisons, ou ignorées, ou moins connues. Par goût donc, par entraînement ou par nécessité, les moines de Meymac durent songer à tracer les plans d'un plus vaste édifice.

Une inscription grossière, jetée sur une pierre extérieure du croisillon du nord, à gauche d'un petit portail, semble vouloir en indiquer la date. Nous y avons lu ou cru lire : Basti 1119 ; mais les caractères sont louches et assez compromis par le temps. Une main plus moderne a écrit au-dessous, sans beaucoup plus de perfection : Bati (?) 1119. Nous suspectons passablement l'ancienneté de cette inscription : non que certains caractères et le T particulièrement, ne se rapportent à la manière du XIIe siècle ; mais le chiffre arabe était si rare à cette époque, et il était si rare aussi de voir des inscriptions à date de cette nature et de ce style-là ! Néanmoins, nous aurions tort de l'éconduire ; Legros lui-même l'insère en ses mémoires. Elle peut être, en effet, l'inspiration d'un temps qui, plus heureux que le nôtre, savait la date de la reconstruction, et, d'autre part, elle concorde assez avec tels ou tels des caractères architectoniques que nous aurons à étudier.

Mais avant de nous porter à un détail quelconque, signalons la forme générale de l'édifice, ainsi que ses principales dimensions.

La forme est celle de la croix, mais pratiquée ici sur une seule nef, avec trois absides inégales, qui correspondent, l'une à cette unique nef et les deux

---

(1) *L'église de Saint-Pierre de Beaulieu et son Portail sculpté*, pages 7 et suiv.

autres aux branches de la croix. Plus développées que ne le sont d'ordinaire ces absidioles, réduites dans la plupart des églises aux dimensions de simples chapelles, les deux absides latérales de Meymac font, avec leur aînée, comme un triple sanctuaire, d'un effet original et vraiment grand. Quand on les considère du milieu du vaisseau, qu'on les rapproche du transept et surtout de la nef dont deux amples travées font toute l'étendue, on est frappé de la nouveauté de cet ensemble et de son triple caractère de largeur, de grâce et de simplicité. N'oublions pas qu'à l'époque de son exécution, les deux maisons de Meymac et d'Uzerche étaient sur le pied, sinon de lutte, du moins de rivalité : nous apprécierons mieux peut-être la différence des plans dans la presque parité des proportions. Il semble que, sur ce terrain aussi, l'abbaye de Meymac ait cherché à se séparer de sa mère, à l'égaler, voire à la surpasser.

Du reste, — et c'est une observation qui ressortira mieux dans un travail d'ensemble, — les principales églises du diocèse, émanées toutes d'une même et grande époque qui fut l'âge roman, brillent, dans l'unité foncière de leur style, d'une assez remarquable variété d'aspect et de détails : on peut leur appliquer le mot du poète latin :

. . . . . Facies non omnibus una
Nec diversa tamen, qualem decet esse sororum

L'église de Meymac offre une longueur totale de 150 pieds ; celle de son transept dépasse 80. Entre les murs latéraux de la nef, la largeur est de 35 pieds ; la hauteur sous voûte, de 42. Elle baisse un peu dans le sanctuaire, mais ce n'est pas précisément ce qui frappe le plus.

Ce qui frappe le plus dans cette abside, ce qui arrête le visiteur dès le seuil de la porte, c'est son inclinaison du côté du midi. Nous l'avons déjà signalée dans l'église de Beaulieu, où elle est beaucoup moins apparente et ménagée avec un art parfait. Nous exprimions, en l'indiquant, la pensée que la lutte engagée à cet égard dans le monde archéologique avait dû prendre fin et conclure en faveur d'une idée symbolique dans la déviation. Il n'en est rien : l'école de M. Viollet-le-Duc garde son sentiment. Ce n'est pas celui du camp ecclésiastique ; ce n'était pas celui non plus de la Société française d'archéologie quand elle émettait un sentiment contraire, au congrès de Vendôme, en 1872 (1). Nous n'essaierons pas d'établir notre thèse, ce n'est pas ici le lieu ; mais, dirons-nous avec l'abbé Godard (2), « si l'on considère que la construction des édifices dans lesquels ce caractère se manifeste est souvent irréprochable, qu'elle n'a souffert aucun mouvement extraordinaire ; si l'on songe que cette déviation existe dans une foule d'églises, en France (M. Auber déclare en connaître plus de cent ; M. Léo Drouin affirme que l'inclinaison est le cas de presque toutes les églises romanes bordelaises), en Belgique, en Angleterre, en Allemagne, on n'hésitera point à partager notre sentiment. » Peut-être même l'église de Meymac aura-t-elle un détail pour le corroborer : c'est le mouvement des jours de l'abside, mis en regard des arcs extérieurs de la même région. On dirait que, guidant le sanctuaire dans sa marche tournante, ceux-là fassent effort pour conduire ceux-ci dans la direction qu'un dessein préconçu semble leur imposer. Nous avons passé vite et nous nous bornons à indiquer ; mais qu'on veuille bien observer après nous. Aussi bien sommes-nous attendu à l'ouest, où commence plus naturellement pour nous l'examen détaillé des premières constructions.

La façade d'ouest, surmontée d'un clocher, présente, entre deux longues arcades semi-ogivales, une arcade

---

(1) *Congrès archéologique de France*, xxxix⁰ session, page 449.
(2) *Cours d'archéologie sacrée*, tome I, page 390.

moyenne, sous laquelle est pratiquée une porte romane, ornée, comme à Tulle, de découpures en festons. Au-dessus règnent trois fenêtres à colonnettes et boudins, complètement bloquées. A la hauteur de ces fenêtres, le mur de façade se rétrécit en pignon, jusqu'à un dernier cordon que surmonte la tour. Faible tour, que l'on croirait postérieure à l'édifice et d'origine assez récente, si une baie romane ouverte au nord ne protestait de son ancienneté. Le remaniement doit dater du xviie siècle, époque qui en vit faire d'autres, comme nous le dirons.

Il ne sera peut-être pas sans intérêt, au point de vue historique, de reproduire l'inscription de la maîtresse cloche. Indépendamment des noms qu'elle offre à recueillir, on y trouve, comme à Beaulieu, la preuve de la méfiance des moines à l'endroit de la ville, par suite des longues et vives luttes dont nous avons parlé. Nous mettons entre guillemets les mots qui se retrouvent à Beaulieu :

✝ SIT NOMEN DOMINI BENEDICTVM. ANNO DNI MILLESIMO SEPTINGENTESIMO QVADRAGESIMO QVINTO, REGNANTE LVDOVICO DECIMO QVINTO, CONSTRVCTA FVI IN HONNOREM STI ANDRÆ ET STI LEODEGARII. « SVMPTIBUS HVIVS MONASTERII, » SUB ADMINISTRATIONE RDI PTRIS BRVNONIS LEYSSENE, PRIORIS. P. (*parrain*) Mre LOVIS FRANÇOIS DE PAUL, MARQVIS DE SOVDILLES, LIEVTENANT DE ROY AV GOVVERNEMENT DV LIMOVSIN. MARREINNE DAME BLAISE DE FAYA, COMTESSE DVSSELLE. — N. RENAVDEN.

L'étage servant de beffroi repose sur un autre étage voûté (malheureusement la voûte s'en effondre), dont la coupe intérieure en lanterne octogone mérite l'attention des hommes du métier. Il pourrait, s'il en était besoin, faire office de petite tribune, car il ouvre sur l'église par une grande arcade cintrée, où l'on n'a laissé qu'un faible donne-jour. La perspective dont on jouit de ce point est très favorable à l'ensemble de l'église, et particulièrement à ses voûtes légères.

Un porche intérieur porte toute la tour. Il se compose de deux piliers trapus, revêtus, comme les pilastres qui leur correspondent dans les murs de façade, de colonnes engagées à chapiteaux diversement ornés. Les arcs massifs qu'elles supportent sont rompus en ogives, et la voûte, plus basse de moitié que celle de la nef, est en arête simple. Quant aux chapiteaux, ils constituent tout l'intérêt iconographique de notre monument. Malheureusement le vandalisme s'y est abattu et nous avons perdu une partie des leçons morales qu'ils renferment. Essayons pourtant de les décrire.

A droite, en entrant, ce sont deux lions opposés, dont la tête fait angle sous le tailloir, et qui croisent l'une de leurs deux pattes de devant. — En face, sous le même arc, deux têtes monstrueuses de griffons dévorent, jambes premières, de malheureuses femmes, englouties deux à deux : image sans doute des châtiments de l'impudicité.

A gauche, les mutilations du chapiteau ne laissent plus saisir que la moitié d'un corps d'homme debout. — Ainsi en est-il, ou à peu près, pour le chapiteau correspondant sous le même arc.

De chaque côté de la grande porte, deux autres portes ouvrent, dans la façade, sur de petits collatéraux, voûtés en quart de cercle, qui soutiennent de leur poussée les arcs du porche. Ils communiquaient avec l'église par une arcature étroite et ogivale, reposant sur deux colonnes de même forme et de même travail que les précédentes : nous aurons à dire plus tard comment s'est fermé ce passage; pour le moment, ne nous occupons que des chapiteaux.

Ils n'offrent à gauche qu'une sculpture d'ornementation, ou ont été, comme leurs voisins, complètement mutilés.

A droite, le second chapiteau est seul intéressant. Il présente un lion, dont la tête fait angle, saisissant par les épaules et le crâne un malheureux dont la physionomie accuse une extrême douleur. Sa main, étendue par derrière, semble chercher à éloigner de ses terribles voies une autre malheureuse, qu'un personnage nu, aux jambes courtes et au buste démesuré, saisit à bras le corps.

Par manière de contraste, un chapiteau servant de bénitier représente sur le sol l'archange saint Michel, qui traîne, la corde au cou, Satan, vu de face et reconnaissable à sa queue magistrale, annelée comme le corps d'un serpent. Le monstre tient par les cheveux un petit corps nu, représentant sans doute les âmes que le mauvais ange entraîne avec lui dans sa perdition.

Jusqu'ici nous n'avons pas eu d'autre spectacle : partout la punition du mal, que ce soit sur l'homme ou que ce soit sur l'ange; partout l'enseignement moral. Mais un chapiteau vient trancher, dans ce vestibule, avec les précédents. Il est à droite, sous le grand arc qui ouvre seul aujourd'hui sur la nef. On y voit, sous des cintres simulant une église, d'un côté un personnage en chasuble, fléchissant le genou et soulevant des deux mains un calice ; de l'autre un évêque, portant une de ses mains sur un livre placé sur l'autel, et tenant de l'autre son bâton pastoral. Un fidèle à genoux assiste aux saintes cérémonies dans l'attitude de l'adoration. Faut-il voir dans ce chapiteau un souvenir historique, une allusion, par exemple, à la consécration d'autel faite par l'évêque de Limoges vers l'an 1085? Représente-t-il seulement l'Episcopat, le Sacerdoce? A-t-il trait à quelque passage de la vie de saint Léodegard? Nous ne savons.

Ne quittons pas ce porche sans mentionner un fait qui le concerne. Le terrorisme révolutionnaire fut très violent à Meymac. Or, il est rapporté que, prenant un jour le cheval d'un certain M..., des bandits le conduisirent à l'église, le revêtirent des ornements sacrés et descendirent aux derniers sacrilèges. Il va sans dire que les témoins de la scène n'étaient pas très nombreux. Mais le bruit ne tarda pas à s'en répandre. Accourant aussitôt de la campagne et de la ville, les montagnards restés fidèles tombèrent comme une avalanche sur le théâtre de ces ignobles parodies. Le cheval fut assommé sous le porche, et les braves qui insultaient leur Dieu... ne se trouvèrent plus là pour affronter les fourches : en attendant leur jour, ils avaient décampé.

Après le porche, la partie la plus ancienne de l'église est l'abside. Les constructions ou reconstructions commençant toujours par là, l'œuvre de 1119 (à supposer cette date historique) dut partir de ce point. Nous dirons mieux plus loin nos présomptions en ce qui est du porche.

L'abside de Meymac est un simple et large hémicycle à cinq pans, précédé d'une travée. La travée, sans ouvertures, est ornée à l'extérieur d'une double arcade, plate, longue, étroite, brisée, que soutient dans ses retombées médianes le plus simple pied-droit. Les cinq pans, au contraire, offrent à chacun de leurs angles une colonne à chapiteau nu, légèrement engagée, qui supporte une arcade plein cintre. On en voudrait voir l'extrados couronné d'une corniche; mais la corniche a déserté le toit, sauf à l'extrémité septentrionale du rond-point, où l'on en saisit encore quelques restes. L'aurait-on fait disparaître dans la reprise du haut des murs, qu'on opéra, dit une inscription, en 1807? — Au-dessous des arcades s'ouvrent les cinq fenêtres dont nous avons indiqué la marche tournante vers le sud. Elles s'encadrent de deux archivoltes, cintrées comme elles, dont la plus extérieure offre à son claveau central une tête humaine en modillon, et la plus intérieure, un tore abandonné de ses supports. Les vitraux qui garnissent les baies sortent des ateliers de M. Thibaud (Clermont-Ferrand). On doit regretter que, dans leur pose, suppression n'ait pas été faite du blocage qui, à Meymac comme à Beaulieu, obstruait une partie des jours : heureusement la faute n'est pas absolument de celles qu'on ne peut réparer.

A l'intérieur de l'hémicycle, même aspect qu'au dehors : pans coupés, colonnettes, arcades ; mais ici la corniche subsiste, et sous cette corniche, dans l'aisselle des angles, quatre consoles en écus romans bombés supportent quatre nervures demi-toriques sans moulures, qui, glissant sous la voûte en cul de four (car ce ne sont que des simulacres d'arcs en décharge) vont se réunir près de la travée, à un centre commun dépourvu de clef. La travée est simplement voûtée en berceau, avec deux doubleaux dans sa profondeur et deux grandes arcades plates sur ses deux flancs du nord et du midi.

Des arcatures faisaient autrefois communiquer la grande abside aux absidioles qui la flanquent : on les a fermées pour les remplacer par des portes.

Nous observons dans chacun des petits hémicycles (dont l'un, celui du sud, sert malheureusement de sacristie) les mêmes formes, ou peu s'en faut, que dans le grand chevet. Seulement les pans n'y sont que trois, et si les chapiteaux sont ornés de feuillages, la fenêtre médiane est seule à offrir tores et colonnettes. En revanche, au dehors, sous le toit, corniche et modillons. Enfin, dans la chapelle du nord, absence de nervures, et dans celle du midi, nervures non toriques mais en carrés aux angles rabattus. Voilà toutes les différences.

Nous oublions de signaler dans les trois absides, au dedans comme au dehors, un banc de pierre rampant ou stylobate continu. Il n'en sera pas de même de la niche ouverte au mur nord de la grande. Si l'art ni l'archéologie n'ont à s'en occuper, la piété, l'érudition, le simple patriotisme, iront y vénérer des reliques du grand évêque et martyr saint Léger. [Ces reliques insignes sont le chef et les deux mains. On les voyait autrefois dans un buste en vermeil, don des seigneurs de Ventadour et objet de grand prix, perdu, hélas ! comme tant d'autres ; on ne les voit plus aujourd'hui que dans un buste en bois doré, de la façon des derniers temps. Ces restes sont à Meymac de toute ancienneté : Geoffroy de Vigeois les y constate dans sa *Chronique* (xɪɪᵉ siècle (1), et dom Pitra, en son *Histoire de saint Léger* (2), insère pour eux les lignes suivantes, qu'il extrait de la Bibliothèque nationale :

« Saint Léger est très particulièrement honoré dans
» l'abbaye de Maymac ; ses précieuses reliques y sont
» religieusement conservées dans une belle châsse
» d'argent doré où l'on peut voir à découvert son vi-
» sage et ses mains étendues en croix sur sa poitrine ;
» ce qui paraît au dehors est encore couvert de la
» peau qui est fort blanche ; quelques poils de
» barbe, assez épais, paraissent au menton, et des
» cheveux sur le haut de la tête ; son visage est si
» doux et si vénérable qu'on ne peut le regarder sans
» une dévotion et un respect tout extraordinaire. Le
» lieu où il repose est le côté de l'évangile du grand
» autel de l'église qui est orné de quatre belles lam-
» pes d'argent qui éclairent jour et nuit, et de plu-
» sieurs présents que font tous les jours les peuples
» du pays qui le considèrent et honorent comme leur
» principal patron et tutélaire. »

On conçoit, en lisant ces dernières lignes, ce qu'on trouve en une lettre précédemment citée par le même historien. Dom Antoine Pavy, religieux de Saint-Maixent, en Poitou, écrit à Mabillon : « Nous avons

---

(1) Il ne parle pourtant que d'une main, si son traducteur l'a bien compris.

(2) Page 438, *Analecta liturgica*, VII.

« une partie d'une vertèbre de saint Léger que
» M. Belin, religieux ancien de Meymac, donna;
» [mais] il n'est pas à propos de faire mention de cette
» relique, parce que, si les habitants dudit Meymac
» savaient cela, ils lapideraient le susdit sieur Be-
» lin. »

Nouvel et bel éloge de la piété des habitants de Meymac que l'historien de leur église se plaît à consigner !

Cela fait continuons notre étude. Nous sommes au transept. Un coup d'œil, en l'abordant, sur les murs de clôture. Au midi, derrière le pignon, se trouve le monastère : par conséquent nul jour de ce côté. Les jours sont à l'ouest, et ce sont deux grandes et froides fenêtres cintrées de 1694 ; on lit la date de 1697 sur celles qui leur correspondent au nord dans la même direction. Si le pignon n'a point de jours, du moins ne fut-il pas jadis sans ouvertures. On y remarque sous la voûte un immense cintre qui donnait aux religieux ample perspective sur l'église, et qui, paraît-il, se retrouvait autrefois à Beaulieu. Une pauvresse, morte centenaire à l'hospice de cette ville, nous a dit être venue bien des fois sous cette arcade recueillir dans son tablier le pain, la viande, le dessert, que lui jetaient après leur dîner les religieux malades, dont l'infirmerie était juste en ce point au-dessus du chapitre. De ladite ouverture rien ne reste à Beaulieu, mais à Meymac elle est encore sensible. Un peu plus bas, dans la direction d'ouest, se trouve à six pieds au-dessus du pavé une porte de communication marquée sur notre plan ; et dans l'angle opposé, entre l'absidiole aujourd'hui close et le mur du pignon, est une seconde petite porte donnant sur un boyau en C carré qui contourne cet angle dans l'épaisseur du mur. Le boyau n'a point d'aboutissant et, s'il prend jour sur le monastère, ce n'est que par une très petite ouverture. Qu'était-ce donc autrefois ? Un guichet, un confessionnal, un lieu de punition, une réclusion ? Nous ne savons. C'est toujours un problème.

Le pignon du nord offre dans son milieu une grande fenêtre romane, avec tore et colonnettes engagées, au-dessous de laquelle vous voyez dans une pierre encastrée et entourée d'un boudin qui lui donne l'air d'une clef de voûte, des armes qui indiquaient autrefois les sépultures de la maison de Ventadour. On en connaît sûrement deux dans l'église de Meymac : celle d'Isabelle de Vendat (xve siècle), veuve de Robert, mort à la date ou avant la date de 1407, et celle du fils d'une Montmorency, François, comte de Vauvert, abbé de notre monastère, qui mourut au siège de la Rochelle en 1625. Son corps fut porté à Meymac le 5 décembre de cette année, et enseveli sous un mausolée dont les *Mémoires* de Legros donnent *in extenso* la trop longue inscription.

Laissons la porte du mur d'ouest, avec la ligne extérieure de modillons à masques qui la surmonte sous le toit ; mais ne manquons pas de remarquer dans les deux angles intérieurs du croisillon deux saillies tout d'abord inexplicables, que les murs de la nef vont éclairer bientôt. Quant à la déviation violente que font dans le sens de l'ouest et ce croisillon et l'absidiole qui s'y ouvre, pour échapper à celle que leur imprimait en sens contraire l'inflexion du reste du chevet, ni le visiteur ni le lecteur n'ont besoin qu'on les signale : l'église les accuse assez et le dessin encore plus.

Dans la nef, avons-nous dit dès le début, deux travées seulement : la plus haute carrée, la plus basse barlongue. Elles sont séparées par d'énormes éperons — dosserets, si l'on veut — en avancement sur les murs de clôture. Les plus bas masquent si bien les allées latérales du porche et se soudent à ses deux gros piliers par un biais si visible qu'entre ces deux parties de l'édifice l'antipathie des plans est des plus accusées. De deux choses l'une, se dit-on : ou le porche, comme l'indiqueraient ses sculptures grossières, ses formes massives et les deux chapiteaux demeurés sur le sol, n'est qu'un débris conservé de l'ancienne église du xie siècle, modifié postérieurement dans son pourtour, suivant l'appropriation que l'on voulait en faire, ou, s'il fût construit pour la nouvelle église et en la devançant, ce qui est insolite, les plans se modifièrent singulièrement après sa construction.

Disons du reste que la nef, du moins dans ses parties hautes, est assez postérieure au chevet, qu'elle l'est même au transept dans une certaine mesure. Devant les énormes dosserets dont nous venons de parler, se trouvent des demi-colonnes, accompagnées de colonnettes, où les chapiteaux, avec les frises qui les accompagnent et qui contournent les éperons, revêtent des formes plus faciles à trouver dans les premières années du xiiie siècle qu'à l'époque romane. Non que les sujets historiés ne soient restés les mêmes : — c'est d'une part la Faiblesse dévorée par des monstres, de l'autre l'Innocence, sous les traits d'un enfant, tenant en respect ces formes monstrueuses : icones bien connus; — mais d'abord la sculpture est plus fine, et en second lieu toute l'ornementation n'est pas ainsi en images : on y voit des feuillages aussi, et ces feuillages sont des feuillages en crochet. De plus, les arcs doubleaux qui se projettent d'un dosseret à l'autre, ont leurs arêtes légèrement abattues, ce qu'on ne trouve pas aux deux seuls doubleaux du transept, et ce qui est bien rare, croyons-nous, en Limousin, dans tout le cours de l'époque romane.

Du reste, des doubleaux portons-nous aux nervures. D'élégantes croisées d'ogives, rondelettes, fluettes, sans corps pour ainsi dire, s'élancent en diagonale d'un angle de la travée à l'autre, en passant par une clef où le xiiie siècle semble écrire son nom. Mêmes formes et mêmes détails expressifs dans les trois tra-

CHAPITEAUX DE L'ÉGLISE DE MEYMAC (XIe SIÈCLE)

CHAPITEAUX DE L'ÉGLISE DE MEYMAC (XIe SIÈCLE)

vées formées par le transept, où par endroits la simple console soutient les retombées. Nous nous rappelons en particulier, et après sept années d'intervalle nous croyons avoir encore sous les yeux, dans l'angle est du croisillon méridional, une tête de femme parée d'une de ces coiffures à lisière tuyautée comme on en portait au temps du roi Philippe-Auguste, comme on en voit encore au portail central d'ouest de Notre-Dame de Paris (1215 ou environ). Inutile après cela de presser davantage une démonstration de tout côté complète.

Nous voici maintenant amené à nous poser une question. Y a-t-il rapport vraiment entre ces voûtes légères et leurs formidables supports? Non, manifestement. Eh bien! cependant que voyons-nous encore? D'immenses arcades en tiers-point, reliant entre eux le long des murs ces gigantesques dosserets dont elles atteignent la saillie; allant plus loin, perçant la faible paroi qu'elles dominent, et ne faisant plus dès lors de cette clôture fortement ajourée qu'un simple remplissage inutile au support de la voûte. Etait-il nécessaire de faire ces arcades? de les faire si fortes? Etait-il besoin aussi de les mettre partout? car, dans le principe, il y en avait ou il devait y en avoir partout, dans le transept aussi bien que dans la nef. Aux angles d'intersection de ces deux parties de l'édifice, vous apercevez les amorces de celles qui se projetaient de ces angles vers les gros massifs où les trois absides viennnent se rencontrer : c'est de ces amorces que partent actuellement les voûtes. Au bout du croisillon septentrional, si vous ne constatez ni arcades ni amorces, vous n'en voyez pas moins deux fortes saillies (bien marquées sur le plan) qui s'accusent aux deux angles, et dont la seule explication possible, à notre gré, serait une intention d'arcades? Ainsi, visiblement, le vaisseau de l'église, nef et transept, devait dans les plans primitifs se partager en cinq grands carrés inégaux, carrés délimités par de grands arcs et sur lesquels les croisées d'ogives, les doubleaux même qu'on a jetés plus tard, n'ont pu qu'étendre une ossature trop grêle, un réseau de lignes trop disproportionné.

De cette altération amenée par le temps, et plus grave assurément pour l'esprit, qui s'en rend compte, que pour l'œil, qui se sent satisfait, l'explication, attendue du lecteur, nous est, grâces à Dieu ! aujourd'hui bien facile. Nous la donnons d'autant plus volontiers qu'elle rend compte également de cette nouveauté de physionomie que nous trouvions dans le diocèse au vaisseau de Meymac, et qu'en déterminant le caractère particulier de cette église, elle nous permet d'assigner par là même l'école où il faut la placer.

« On sait, dirons-nous avec M. Tholin, dont nous
» aimons à dérober les termes (1), on sait, grâce à
» l'ouvrage si connu de M. F. de Verneilh (2), quelle
» fut la dégénérescence des types de l'école byzantine ;
» comment de la croix grecque de Saint-Front et de
» la nef barlongue à travées carrées et à chevet plat
» de l'ancienne cathédrale Saint-Etienne de Périgueux,
» on aboutit à des églises en croix latine, sans bas-
» côtés, pourvues d'absidioles. On connaît également
» les transformations des voûtes dans les monuments
» de ce groupe. A la coupole sur pendentifs, qui est
» d'abord caractéristique, se substitue en son temps
» la grande croisée d'ogives surhaussée qui révèle
» encore son origine... On a pu varier sur les limites
» qu'il convient d'assigner à ce groupe d'églises si
» bien caractérisé : il n'en reste pas moins démontré
» que Périgueux fut le centre ou, si l'on veut, le point
» de départ d'une école d'architecture longtemps

---

(1) *Etudes sur l'architecture religieuse de l'Agenais*, page 31.
(2) *L'architecture byzantine en France*, in-4° chez Didron.

» originale et *reconnaissable jusqu'à sa décadence.*
» Ainsi l'ouvrage de M. de Verneilh, qui n'a pas
» vieilli comme tant d'autres livres d'archéologie,
» *donne la clef de bien des énigmes* à qui veut
» étudier sérieusement les grandes églises construi-
» tes de l'an mil au xive siècle, dans ce vaste rayon
» qui s'étend de l'Anjou jusqu'à la Guyenne, de la
» Loire à la Garonne, ou même au-delà jusqu'aux
» Pyrénées. »

Eh bien, ce que, sur « ces données acquises à la science, » M. Tholin ne craint d'affirmer ni pour sa cathédrale d'Agen ni pour la cathédrale plus éloignée de Tarbes, à savoir qu'il faut y reconnaître deux monuments dégénérés de l'école byzantine, — plans et descriptions à la main, nous l'affirmons de même, et sans hésitation, pour notre église de Meymac. Entre les trois monuments divergences sans doute, mais parenté profonde dans l'ensemble des points. Cette triple abside sur le transept, cette nef sans bas-côtés, ces grands arcs qui en longent les murs et qu'on retrouve plus haut conservés ou marqués, ces cinq travées de la voûte qui suffisent à un vaste vaisseau, tout, jusqu'à ces ogives légères issues d'un temps plus rapproché de nous, nous paraît la preuve indiscutable d'un même fait survenu pour les trois. On devait en faire, partiellement ou intégralement, des églises à coupoles, tout au moins plus tard des églises à voûtes domicales, comme au pays d'Anjou ; mais les travaux ont subi des lenteurs, le style byzantin a perdu son prestige, et le dernier architecte, couvrant son monument conformément aux idées de son âge, vous a, un jour, bel et bien congédié tous les plans de son prédécesseur.

Quand nous disons *tous*, nous disons un peu trop, car enfin arcades et supports sont gardés en partie : ils dispensent à l'extérieur de contreforts puissants, et permettent à l'intérieur d'ajourer très largement la nef, ce qu'on peut constater dans les belles églises du style byzantin (1). Puis, quand nous disons *tous*, nous n'entendons parler que pour Meymac, car Agen garde encore au centre de sa croix le carré de grands arcs et la voûte surhaussée. Ainsi en est-il plus ou moins pour l'église de Tarbes. Dans notre abbatiale ni surhaussement quelconque ni carré complet. Que suit-il de là ? Plus d'altération dans le type, voilà tout. L'analogie d'ensemble reste et, basé sur elle, nous avons le droit de dire, comme nous disons d'ailleurs très volontiers : l'église de Meymac est une des églises altérées de l'école byzantine, une des filles dégénérées de Saint-Front de Périgueux.

Pourquoi faut-il que cet intéressant édifice soit dans l'état de souffrance où nous l'avons trouvé ? Son abside étançonnée se lézarde et demande secours. Le secours se fera-t-il attendre ? L'Etat, venant en aide à la commune et, s'il le faut, au département, n'aura-t-il pas pour une œuvre de cette importance les faveurs dont nous lui savons gré pour les églises de Brive, d'Obasine, d'Arnac-Pompadour, de Saint-Angel et de Beaulieu ? Poser une telle question, c'est presque exprimer une certitude. Nous conjurons donc instamment la ville de Meymac, le conseil départemental, la commission des monuments historiques, de se mettre promptement à l'œuvre et d'unir enfin leurs efforts pour la consolidation et restauration d'un si beau monument.

---

(1) A Meymac, dans la première travée et sur chaque côté, trois fenêtres reliées par une archivolte courante ; plus, au-dessus, un grand et simple *oculus*, qui doit être postérieur. Dans la deuxième travée, qui est plus courte, deux ouvertures seulement. Ces fenêtres sont romanes, en plein cintre, avec des tores et des colonnettes que le temps a fait plus ou moins disparaître. Des remaniements furent opérés au XVIIe siècle dans le haut des murailles.

ERRATA ET ADDITA.

Page 7, note 2, *lisez* Labbe.

Page 8, *A propos des sept premières lignes :*

Roger, le fondateur de Saint-Angel, aurait été, suivant un sentiment que le *Gallia* constate, au moyen-âge, gendre de l'empereur Charlemagne lui-même. Sa femme Euphrasie, après la mort de son époux, serait entrée à Bourges dans un couvent, fondé selon les uns par son père, selon les autres par son frère Louis le Pieux. Elle en aurait été la première abbesse et s'y serait élevée par ses vertus jusqu'aux honneurs des saints. Voici l'épitaphe que lui fit en 1400 une de nos compatriotes, Souveraine de Cros (elle lui succédait dans la même abbaye) :

Cy gist Dame sainte Affroy, qui fut fille du roy Charlemagne, et fonda cette abbaye, et fut première abbesse de céans. Madame Souveraine a fait faire cette tombe (G. C., II, 172).

Page 11, ligne 11, *lisez* XVIIe siècle. — Note 1 : Gratien de Beaumont avait épousé la veuve de Jean de Rochefort, et son titre de baron de Saint-Angel peut indiquer tout au plus l'extinction de la branche, non toutefois celui de la famille, comme nous le disions plus haut (Voir le *Nobiliaire* de Nadaud, tome IV, page 78).

Page 14, *Faites interversion des notes 2 et 3.*

Page 16, Après Pierre de Plas, *insérez :*

1555, Jean *des Monstiers du Fraysse*, mort en 1569 évêque de Bayonne, qui, à la date où nous l'inscrivons, obtint le prieuré par résignation et le garda jusqu'à sa mort (NADAUD, mêmes ouvrage et tome que plus haut, page 427). — Sous son priorat mourut Pierre Andrieu, des seigneurs de Lagane, abbé de Bonnaigue, curé d'Ussel et de Saint-Fréjoux, prieur de Chaveroche, qui était ou avait été également prieur *claustral* de Saint-Angel. Le *Gallia christiana* lui fait honneur de la réédification de l'église, dans la consécration de laquelle il figurait et où son corps est enterré. Il rebâtit aussi le cloître de Bonnaigue (*G. C.*, II, 643).

Page 36, A la note 1, *ajoutez :*

Les manuscrits de Nadaud permettent de rectifier le nom de **Rosiers**, en nous donnant celui de Rodières, Rode ou Rodéna, sur la Dordogne. Aux bénéfices énumérés par le P. Bonaventure, ils permettent, en outre, d'ajouter : l'église de Saint-Oradour de Chirouze, le **prieuré-**

cure de Freytet ou Freisseix, celui de Lestrade, celui de Saint-Léger de Chastagnol, avec la maladrerie qui se trouvait auprès en 1406, et celui de Sainte-Madeleine de Longueyroux, avec sa vicairie.

Page 40, *A propos des lignes* 11 *et* 12 :

Les trois monastères de Beaulieu, de Meymac et de Saint-Angel étaient les seuls du Bas-Limousin qui fussent affiliés à la congrégation de Saint-Maur. Dans la publication — ou, si l'on veut la reproduction — de M. Peigné-Delacourt, ils sont aux planches 30, 31 et 32. Ces planches étaient, on le sait, préparées pour un texte historique, et M. Léopold Delisles nous apprend, dans la préface qu'il leur a composée, que D. Estiennot avait rédigé la notice relative à Beaulieu et D. Germain celle qui concernait Meymac (Biblioth. nat., Mss. latins, 12, 747, p. 91, et 11, 818, fol. 17). Quant à l'historique de Saint-Angel, on ne le connait pas. — Se méfier dans deux de ces vues d'une extension de plan que les travaux n'ont pas réalisée.

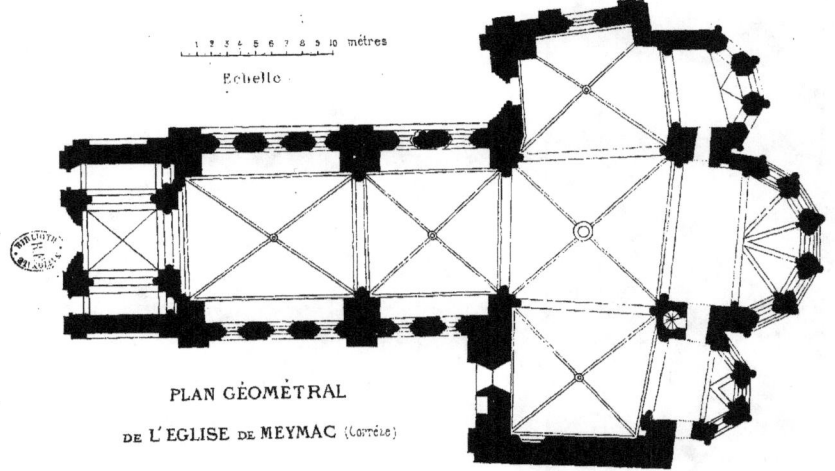

PLAN GÉOMÉTRAL
DE L'EGLISE DE MEYMAC (Corrèze)

www.ingramcontent.com/pod-product-compliance
Lightning Source LLC
LaVergne TN
LVHW051500090426
835512LV00010B/2256